Au commencement était l'écoute

Sibyle Veil

Au commencement était l'écoute

Éditions de
L'Observatoire

Crédits :
p. 28, caricature sur l'affaire Dreyfus :
« Un dîner en famille : Surtout ne parlons pas de l'affaire Dreyfus !
Ils en ont parlé », Caran d'Ache, Le Figaro, 1898 ;
p. 55, © Joe Dator / The New Yorker Collection/
The Cartoon Bank

ISBN : 979-10-329-3156-1
Dépôt legal : 2023, novembre
2e tirage : 2023, décembre

170 *bis*, boulevard du Montparnasse, 75014

À mes trois enfants, et à tous les vôtres.

« Le commencement de bien vivre, c'est de bien écouter. »

PLUTARQUE

Le chant des oiseaux

Printemps 2020, la France se confine à l'approche d'un virus inconnu. En quelques heures, tout se fige. Silence dans les cours d'école, dans les rues et les restaurants. Silence dans les trains, dans les salles de spectacle et les centres commerciaux. Silence sur les chantiers de construction.

Quelque chose d'inattendu se produit alors. On entend le chant des oiseaux. D'ordinaire si discrets, ils reprennent possession du monde. Débarrassés de l'habituelle pollution sonore, ils semblent eux-mêmes étonnés de leur triomphe. Les citadins stupéfaits réapprennent à tendre l'oreille. Fallait-il que tout se taise pour que nous retrouvions le sens de l'écoute ? Peut-être bien.

La société au ralenti semble elle-même à l'affût. On se préoccupe soudain de ceux que l'on n'entend jamais : voisins isolés, personnes vulnérables... Les « professions essentielles » sont célébrées, on applaudit les soignants aux fenêtres, on loue l'abnégation des hôtesses de caisse. Une vague d'attention traverse le pays.

À la tête d'un média de service public – deux mots qui revêtent alors la plénitude de leur sens –, je suis aux premières loges pour assister à cet élan. Parce que nous le racontons, mais aussi parce que nous le vivons. Pour des millions d'auditrices et d'auditeurs, la radio redevient un lien essentiel quand beaucoup d'autres sont distendus. « Aujourd'hui encore, vous êtes là, nous écrit l'une de nos auditrices. Même en cette période difficile de confinement, vous ne m'avez pas lâchée, et vous permettez à moi comme à des milliers de gens de bénéficier de vos voix rassurantes, alors que tous nos autres repères sont bouleversés. » Cette crise planétaire jette une lumière crue sur notre vulnérabilité intime et collective. Elle nous révèle aussi notre capacité à faire corps devant l'adversité.

Un espoir naît. Des tribunes d'intellectuels plaident pour inventer un « monde d'après » libéré de l'égoïsme, du cynisme et des ambitions particulières. Comme d'autres médias, France Culture organise une journée spéciale : « Imagine le monde de demain ». « Pas de retour à l'anormal », clame un slogan. Portés par cette force, nous pourrions relever les défis sanitaires, mais aussi politiques et sociétaux de notre temps.

Trois ans plus tard, où en sommes-nous ? La numérisation de nos vies s'est accélérée, la crise climatique s'aggrave, la guerre menée par la Russie en Ukraine nous rappelle combien l'équilibre international est fragile. En France comme dans les autres pays occidentaux, la fatigue démocratique s'accroît. À l'ère du clash, la violence verbale et physique atteint des niveaux inquiétants. La Covid-19 a creusé le fossé entre ceux qui s'attachent aux faits et ceux qui doutent de tout. Un clivage qui contamine les réseaux sociaux, les médias et l'arène politique, au risque de ne plus s'entendre du tout, de n'être même plus d'accord sur le réel. Le monde d'après serait-il pire ?

Comme vous, sans doute, je ne peux m'y résoudre. Au lendemain de la pandémie, nous espérions changer de paradigme. Nous n'étions pas dupes ; est-ce pour autant vain d'essayer ? Il n'est pas trop tard, il y a même urgence.

« Le commencement de bien vivre, c'est de bien écouter », enseignait le philosophe Plutarque, il y a près de deux mille ans. « Combien de gens se font du tort, parce qu'ils veulent s'exercer à discourir, avant d'avoir su tirer les fruits d'une leçon d'écoute[1] ? » Ce qui était vrai dans la Grèce antique l'est peut-être encore davantage aujourd'hui.

Hélas, il n'est pas toujours nécessaire d'être physiquement entravé pour perdre le sens de l'écoute. C'est un des grands paradoxes de notre époque, riche – comme jamais dans l'histoire humaine – de modes de communication, mais si pauvre en espaces d'écoute. Nous le constatons tous : l'invective prend le pas sur la discussion, l'anathème prévaut sur l'empathie. Il y a quelque chose de préoccupant dans cette société marquée par la violence et l'intransigeance. Les relations se tendent de toutes parts et tous les indicateurs virent au rouge.

Cette escalade ne mène nulle part : plus on hausse le ton, moins on se comprend. Comment en est-on arrivé là ? On ne s'écoute plus. C'est ce que j'ai nommé, il y a quelques mois dans une tribune publique, « la société du défouloir ». Depuis la parution de ce texte en 2022, cette tendance s'est aggravée. Comme si l'urgence climatique, comme si les guerres et les pandémies ne suffisaient pas, il faut encore que nous ayons à affronter une crise profonde de la parole, qui mine nos relations et menace l'équilibre de notre démocratie.

1. Plutarque, *Comment écouter*, trad. Pierre Maréchaux, Rivages, 1995.

Si l'écoute apparaît comme la grande victime de cette société du défouloir, pourrait-elle, dans l'autre sens, en être l'un des remèdes ? Elle est depuis toujours un ciment invisible pour la société, un gage de transmission entre les générations. Mais elle est bien plus encore. Loin de la passivité qu'on pourrait lui prêter, l'écoute est un puissant moyen d'action, en prise avec les défis actuels.

Cette affirmation peut sembler contre-intuitive, à l'heure où tout nous porte à l'agitation, au commentaire et à l'indignation permanents. Certains y voient une faiblesse ; j'y vois une force. D'autres y voient de la lâcheté ; j'y vois du courage. J'ai la conviction qu'une société de l'écoute est non seulement possible, mais indispensable pour retrouver du lien, de la compréhension et de la confiance. Trois vertus sans lesquelles aucun avenir commun n'est envisageable.

En tant que dirigeante d'un grand média de service public, mais aussi comme citoyenne et mère, je vis avec la conscience de cette responsabilité. Et j'observe avec inquiétude la détérioration du climat du débat démocratique.

Ce sujet me touche également d'une façon plus intime. Je me suis toujours sentie portée par l'écoute. À chaque étape décisive de ma vie, dans la légèreté comme dans l'adversité, des voix se sont imprimées en moi, comme autant de balises, de repères. Celle de ma mère d'abord, celle de mes professeurs, celle de mes enfants. Les cris de moments douloureux aussi. Chacun d'entre nous a un rapport personnel à ses sens. Pour ma part, ce sont très souvent des sons qui façonnent mes perceptions, mes sensations et convoquent mes souvenirs.

Les voix ont quelque chose de puissant. Un épisode de ma vie professionnelle a circulé il y a quelques années sur les réseaux sociaux. Au cœur d'une période difficile pour les salariés de la maison que je dirige, des membres du Chœur de Radio France ont interrompu mes vœux annuels sur l'air de *Va, pensiero*, le chant des esclaves de l'opéra de Verdi, *Nabucco*. Prévenue quelques heures plus tôt, je n'avais pas voulu m'y dérober : ils avaient besoin de se faire entendre. Et quel panache ! À l'inconfort évident de la situation pour moi se mêla une intense émotion. La voix - ici les voix - a quelque chose de puissant. Les voix ont de la profondeur, de l'authenticité, de l'intelligence. Chacune porte en elle une signature intime. Elles vous saisissent, elles vous bousculent, elles vous emmènent. Encore faut-il savoir les écouter. Ce moment a été déterminant pour la suite. Déterminant pour dire que l'écoute est là, qu'elle peut apaiser, et surtout nous faire avancer malgré tout.

J'ai cherché en librairie un ouvrage qui rassemble les dernières connaissances sur le sujet de l'écoute. Je ne l'ai pas trouvé. On recense pléthore d'essais de développement personnel, de management ou de rhétorique. Mais aucun n'aborde l'écoute sous un angle à la fois intime et collectif, scientifique et sociétal, concret et éthique, à l'aune des crises auxquelles fait face notre époque. Cet angle mort est révélateur du peu de considération que l'on a pour l'écoute.

Elle est pourtant l'un des premiers sens et l'un de ceux qui contribuent le plus tôt au développement du cerveau depuis le stade fœtal[1]. L'écoute est le terreau de nos interactions sociales, en famille ou en collectivité. Elle est aussi source d'inspiration créative et d'accomplissement personnel. L'écoute est, autant que le discours, une pratique - oserais-je dire un art ? - qui s'apprend, se développe et nous construit.

Avec ce texte, je veux m'adresser à toutes celles et à tous ceux qui cherchent des solutions pour en finir avec la société du défouloir.

Si le pouvoir de la parole est en crise, c'est sans doute parce que l'écoute l'est aussi. Et si le chemin

1. Martine Rampanana, « La formation du cerveau *in utero* », frcneurodon.org, site de la Fédération pour la recherche sur le cerveau. Cet article cite une étude montrant que, dès le début du deuxième trimestre, le fœtus réagit aux sons qui l'environnent.

consistait à parler moins et à écouter mieux, pour retrouver l'altérité sans laquelle aucune vie commune n'est possible ? C'est tout l'objet de cette réflexion, au sens où l'entendait le dramaturge Samuel Beckett : « Réfléchir, c'est-à-dire écouter plus fort[1]. »

1. Samuel Beckett, *Molloy*, Les Éditions de Minuit, 1951.

1

De la société du défouloir à la société de l'écoute

Pinocchio, l'île aux Plaisirs et nous

Connaissez-vous l'histoire de l'île aux Plaisirs ? C'est l'un des passages les plus célèbres des *Aventures de Pinocchio*, de Carlo Collodi. Roman italien du XIXe siècle, adapté à de nombreuses reprises, notamment par les studios Disney en 1940, il a marqué des générations d'enfants. Impossible d'oublier le petit pantin au nez allongé, dont les mésaventures sont autant de leçons de vie à méditer, à l'âge où se forge notre perception des limites. Dans cet épisode à la fois drôle et terrifiant, le jeune Pinocchio est attiré par deux escrocs dans un univers enchanté où tout est permis. Affranchi de tout carcan, il fume, boit, joue avec excès, se livre au vandalisme...

C'est un défouloir.

C'est aussi une tromperie. Car ce lieu prétendument merveilleux est maudit : les enfants terribles y sont changés en ânes pour être vendus comme esclaves dans des cirques ou des mines de sel. La promesse d'une liberté sans limites était en réalité le paravent d'une entreprise d'asservissement. Pour ceux qui s'y sont adonnés sans vergogne, le tribut à payer est lourd : les victimes perdent leur humanité et leur liberté.

Cette fable a quelque chose de prémonitoire. Et si l'île aux Plaisirs était ce monde débridé qui s'est déployé dans nos vies ces vingt dernières années ? 2004, Facebook ; 2006, Twitter. Un tournant. Avant que ne viennent tous les autres.

Depuis leurs débuts, les réseaux sociaux portent une promesse de liberté et d'épanouissement. Pourtant, ils sont peu à peu devenus le théâtre de nouvelles formes d'oppression et d'aliénation : on s'exprime avant de penser, on « se fait plaisir » plutôt que d'écouter et de comprendre, on assène, on insulte, on menace avec - et c'est le vrai péril - des effets de contagion dans les autres arènes publiques.

Voici venue la société du défouloir. Et sa victime collatérale, l'écoute. Nombre de citoyens éprouvent une fatigue informationnelle qui affecte leur moral et abîme leur regard sur le monde. C'est comme si la fièvre des réseaux (a)sociaux[1] avait fini par tout contaminer. Les médias y compris. Que faire de cette avalanche de sollicitations où se mêlent constamment le vrai et le faux, l'essentiel et le futile, le fait et l'opinion, l'empathie et la violence ?

Que faire face à ce piège qui se referme sur nous comme sur ces enfants candides de l'île aux Plaisirs, à qui l'on dit : « Vous vous êtes bien amusés, maintenant vous allez le payer ! » ?

Certains jours, on a juste envie de fermer les yeux et de se boucher les oreilles.

> « Quand le siècle est infâme à fermer les paupières
> Non-voir et non-sentir deviennent des vertus »
>
> Louis Aragon, *Les Yeux d'Elsa*, 1942.

Dans les rouages de la société du défouloir

Quatre moments m'ont personnellement marquée. Ils ont, pour une large part, inspiré ce plaidoyer pour l'écoute.

1. J'emprunte cette expression au psychologue et psychanalyste Michaël Stora : M. Stora, *Réseaux (a)sociaux !*, Larousse, 2021.

Novembre 2015.

Trois commandos de terroristes islamistes sèment la mort dans Paris. Ces attentats horrifient la France et le monde. Les radios basculent en édition spéciale. Les journalistes affluent dans nos rédactions pour couvrir toute la nuit les événements. Alors qu'ils s'attachent à faire leur travail d'une manière aussi rigoureuse que respectueuse de celles et ceux qui sont dans l'inquiétude et la douleur, très vite ils sont l'objet de critiques, de pressions et de menaces en ligne. D'effarantes conjectures sont avancées par des internautes. Le Samu parisien a mené le matin même un exercice sur des attentats multisites ? On savait. Les passeports de certains assaillants sont retrouvés sur le lieu des tueries, comme lors de l'attaque de *Charlie Hebdo* neuf mois plus tôt et même des attentats du 11 septembre 2001 ? C'est louche. Des internautes, surchauffés par cette surenchère complotiste, ne supportent pas la présentation des faits que font les médias. Certains de nos journalistes sont ciblés nommément sur les réseaux sociaux, violemment parfois. Au point que nous demandons une protection policière pour plusieurs d'entre eux.

Pour la première fois – et malheureusement pas la dernière –, je crains pour la sécurité de nos équipes.

De la société du défouloir à la société de l'écoute

Novembre 2016.

De l'autre côté de l'Atlantique, on vote pour désigner le successeur de Barack Obama à la Maison-Blanche. La campagne a été acharnée. Avec ses déclarations outrancières, son style non conventionnel et son goût pour la provocation, Donald Trump aura électrisé l'opinion publique comme nul autre avant lui. Avec lui, l'invective est devenue la norme. Le clash, une façon de faire de la politique.

Lorsque je rentre chez moi, dans la nuit du 8 au 9 novembre, à l'issue d'une longue soirée électorale au siège de Radio France, Hillary Clinton est donnée en tête. Vers six heures du matin, j'allume la radio. Déjouant les pronostics, Donald Trump vient d'être élu 45e président des États-Unis. Stupéfaction. Tous les experts et médias se sont trompés. Sans doute parce qu'ils ont sous-estimé combien les réseaux sociaux allaient peser sur l'issue du scrutin.

Deux ans plus tard, des médias anglo-saxons révèleront qu'une entreprise de collecte et de traitement de données, Cambridge Analytica, avait analysé les *data* de dizaines de millions d'utilisateurs de Facebook - sans leur consentement - dans le but d'influencer la campagne à l'avantage de Donald Trump.

Pour la première fois, je suis inquiète pour l'avenir de notre société.

Avril 2018.

Tout juste nommée présidente de Radio France, je reçois un flot de notifications sur mon compte Twitter. Désormais, à toute heure du jour et de la nuit, mon téléphone est envahi de commentaires. On me reproche d'être issue de la même promotion de l'ENA[1] qu'Emmanuel Macron ; on me définit à travers la famille de mon mari (d'ailleurs je ne peux m'empêcher de remarquer ce réflexe tenace qui consiste à définir une femme d'abord à travers les hommes de son entourage, réel ou supposé) ; on relaie de fausses informations à mon sujet et on m'apostrophe sans ménagement. Il suffit de quelques heures pour devenir une cible. On a beau voir l'absurdité et l'excès à l'œuvre chez des internautes qui n'avaient pas connaissance de votre existence vingt-quatre heures plus tôt, il faut beaucoup d'efforts pour rester détachée.

Twitter est un formidable outil de communication. Je l'utilise comme des centaines de millions de personnes dans le monde. Je confesse qu'il m'arrive de l'utiliser autant pour parler à mes équipes que pour parler au reste du monde... Quand le corps social de votre entreprise est fait de passionnés d'actualité, de débats, de culture, il n'est pas étonnant

1. École nationale d'administration.

qu'il soit souvent plus réceptif à ce qui se dit hors de ses murs plutôt que dans leur enceinte.

Mais Twitter, devenu X – comme la signature d'une bascule que rien n'arrête –, est aussi un ring. La mécanique des retweets favorise la viralisation des propos les plus extrêmes. L'algorithme l'amplifie pour générer du trafic, au risque de devenir un miroir déformant du réel, donnant de la société une image nettement plus sombre qu'elle ne l'est réellement.

Comme beaucoup, c'est progressivement que j'ai pris conscience de la manière dont les réseaux sociaux nous influencent, plus insidieusement et puissamment qu'on ne l'imagine. Je comprends le narcissisme addictif qu'il peut y avoir à surveiller le nombre de personnes qui vous suivent, à comptabiliser les retweets, les likes. Je vois aussi la violence gratuite des gens qui se cachent derrière un pseudonyme et l'effet que cela produit chez tous ceux qui y sont exposés.

Pour la première fois, je fais l'expérience de la pente glissante sur laquelle nous sommes entraînés.

Janvier 2023.

Au cours de son talk-show « Touche pas à mon poste », diffusé sur C8, Cyril Hanouna s'en prend publiquement à moi. Pendant un long moment, mon visage est affiché en gros plan derrière l'animateur, qui exhibe mon prétendu salaire (il était faux, surévalué, sans surprise). Je me sens un peu comme ces bandits dont la tête est mise à prix dans les westerns. Mon tort ? Avoir relevé sur Twitter la virulence de sa charge sans nuances contre l'audiovisuel public dans l'émission de la veille. Le problème n'est pas d'avoir un avis pour ou contre les médias publics - chaque citoyen est fondé à exprimer son avis positif ou négatif à notre égard - mais d'être incapable d'en débattre sans caricature et sans anathème.

Comme une mise en abyme, ce soir-là, c'est mon nom, mon visage, des informations personnelles qui sont étalées à une heure de grande écoute, avec la menace de recommencer à chaque fois qu'un éditorial sur nos antennes mécontenterait Cyril Hanouna. Cela relève d'une stratégie d'intimidation. Plutôt que d'initier un débat sur le fond, on jette le discrédit sur les personnes pour délégitimer leur pensée. Une dérive symptomatique de la société du défouloir.

Ce soir-là, je touche du doigt une mécanique funeste : l'animosité qui s'exprime sur les réseaux sociaux finit par contaminer la télévision, le débat public et la société dans son ensemble. Des programmes capitalisent avec cynisme sur la viralité du Web pour chauffer à blanc le public et repérer les sujets propices au conflit. Ces derniers sont ensuite débattus à l'antenne. Une fois l'émission terminée, le clash se prolonge de nouveau en ligne : circuit fermé des passions tristes. Tout est fait pour désigner des ennemis et faire que la tension ne retombe jamais. C'est un fonds de commerce. Et une fuite en avant.

Ce que le numérique a changé

Le goût de la polémique n'est pas une idée neuve en France, me direz-vous. Nous n'avons pas attendu Elon Musk pour nous écharper à table. J'ai en tête le célèbre dessin de presse de Caran d'Ache, « Un dîner en famille », paru en 1898 au sujet de l'affaire Dreyfus : la tablée familiale se transforme en champ de bataille. « Ils en ont parlé », dit la fameuse illustration. Il y a, dit-on, quelque chose de très français dans notre façon de nous quereller pour des idées, avec autant de fougue que de théâtralité. L'excès serait dans l'air depuis toujours.

Le début du XXe siècle fut le théâtre d'une France immensément polarisée. La presse d'opinion y était puissante ; dreyfusards et antidreyfusards vivaient dans des univers médiatiques parallèles. Ce qui était

Dessin de Caran d'Ache « Ils en ont parlé ».

réel pour les uns était nié ou ignoré des autres. Et réciproquement.

Rien n'aurait donc changé depuis ? Quelques décennies plus tard, on assistait pourtant à l'émergence, dans les grandes démocraties, d'une presse d'information - et non plus d'opinion - et de médias de masse télévisuels et radiophoniques, faisant entendre à tous, la même chose, au même moment. Les citoyens partageaient dès lors un socle commun d'informations. L'opinion pouvait retrouver sa juste place : elle se forge après avoir pris connaissance des faits, et non avant. C'est ce qu'explique Jean-Louis Missika[1], grand connaisseur de l'histoire des médias. Il prend l'exemple de la crise du Watergate et de ses effets sur l'opinion publique américaine. Cette affaire passionnera. Elle entachera l'image de la fonction présidentielle et celle de l'administration, mais ne laissera pas une fracture indélébile entre deux camps.

Manifestement, il ne s'agissait pas d'un aller sans retour. À regarder de près les ingrédients de la société du défouloir, on retrouve des similitudes avec ce qui, par le passé, a créé les conditions de sociétés crispées et d'un dialogue impossible. Aux premiers rangs desquelles on trouve le recul des

1. Jean-Louis Missika, *Les Métamorphoses de l'information*, note pour la fondation Terra Nova, 2021.

médias d'information au profit de médias d'opinion, plus enclins à créer des réalités alternatives et hermétiques les unes aux autres. Cette évolution est désormais amplifiée par la révolution majeure du numérique, qui agit comme un moteur puissant de diffusion à grande échelle de ces crispations.

On ne mesure pas toujours à quel point l'irruption du numérique représente une rupture profonde dans l'histoire de l'humanité. Au moment où j'écris ces lignes, l'économiste Daniel Cohen vient de nous quitter, à l'issue d'une vie d'intelligence, de transmission et de bienveillance. Son dernier ouvrage, *Homo numericus. La « civilisation » qui vient*[1], est d'une grande clairvoyance sur l'époque charnière que nous vivons : « Nous sommes en train de nous arracher au poids des représentations que les sociétés agraires nous ont léguées. La parenthèse de dix mille ans où elles ont gouverné les vies humaines est en train de se refermer. » *Homo numericus* serait en passe de remplacer *Homo sapiens*.

Notre quotidien s'est digitalisé dans tous les domaines ou presque : santé, éducation, travail, rencontres, consommation, etc. La pandémie a donné un coup d'accélérateur à cette irrésistible pixellisation de notre existence. Dans un essai au titre

1. Albin Michel, 2022.

provocateur, *Le Sacre des pantoufles. Du renoncement au monde*[1], le philosophe Pascal Bruckner interroge l'avenir : « L'emblème de la civilisation post-Covid ne sera peut-être ni la fusée, ni les gratte-ciel, ni les réacteurs nucléaires mais, plus humblement, le fauteuil connecté, à mi-chemin de la chaise longue et du lit [...] Le citoyen du XXIe siècle ? L'homme affalé dans sa cage sensorielle, ses prothèses auditives et optiques avec divertissements multiples assurés. Il aura des jumeaux numériques qui vivront ce qu'il ne s'autorise plus à vivre. » Comme les créateurs de *Wall-E*, film d'animation de Pixar, le prophétisaient déjà, en 2008 : une humanité bedonnante avachie sur des chaises intelligentes qu'elle n'a plus la force de quitter, absorbée par des écrans hologrammes et déconnectée du monde réel.

Un bouleversement systémique, comme le fut en son temps la révolution industrielle ? Pour Daniel Cohen, « la révolution numérique porte à son paroxysme la désintégration des institutions qui structuraient la société industrielle ». Il compare le rôle des algorithmes dans la vie moderne à celui que jouait hier la chaîne de montage dans l'organisation du travail. Au point que se dessine la menace d'une nouvelle forme d'aliénation et de déshumanisation : « Pour générer du rendement, le numérique

1. Grasset, 2022.

dématérialise les relations humaines, les prive de leur chair », prévient-il.

Il est vrai que les tweets d'insultes et les meutes de trolls n'ont plus rien d'interactions à visage humain. Les menaces qui ciblent régulièrement nos journalistes non plus. Comme si la distance instaurée par l'outil numérique et l'anonymat avaient décuplé la violence : qui avant cela aurait osé proférer de telles menaces, de telles injures ? Le règne de la dématérialisation non seulement assèche nos liens, mais risque, au bout du compte, de nous radicaliser.

*

Sans aller jusqu'aux États-Unis ou au Brésil, nous avons vu comment, de l'autre côté des Alpes, l'exploitation de la colère est devenue une stratégie industrielle, notamment grâce aux réseaux sociaux. Dans son essai *Les Ingénieurs du chaos*[1], Giuliano da Empoli, qui a été conseiller politique de l'ancien Premier ministre démocrate italien Matteo Renzi, dépeint un cocktail explosif né de l'union d'un discours populiste - celui du Mouvement 5 étoiles (M5S) - et de la puissance des algorithmes.

« Les ingénieurs du chaos ont donc compris avant les autres que la rage était une source d'énergie colossale,

1. JC Lattès, 2019.

et qu'il était possible de l'exploiter pour réaliser n'importe quel objectif, du moment qu'on en comprenait les codes et qu'on en maîtrisait la technologie. » En clair : certains politiques sont prêts à employer les mêmes outils que les marques et les publicitaires pour capter notre attention en ligne. Cette révolution numérique n'a pas fini de peser dans les campagnes électorales, où certains candidats n'hésitent plus à faire usage d'« armes non conventionnelles[1] », telles que les manipulations et les *fake news*, pour déstabiliser leurs adversaires.

Sur Twitter, Donald Trump chauffa à blanc ses partisans pour les conduire à l'assaut du Capitole : « *Be there, will be wild !* » (« Soyez-y, ce sera fou ! »). L'appel fut immédiatement relayé sur différents réseaux et conduisit, selon les mots de la commission d'enquête parlementaire de la Chambre des représentants, à cette « tentative de coup d'État », une déstabilisation difficilement imaginable de nos jours dans l'une des grandes démocraties du monde.

Et si c'était encore plus profond ? Il me semble que cantonner la réflexion à l'impact de quelques cyniques marchands de colère serait sous-estimer les évolutions en cours. L'avènement d'Internet et des réseaux sociaux a sans doute fini d'installer les conditions d'une généralisation de la défiance à

1. Giuliano da Empoli, *Les Ingénieurs du chaos*, *op. cit.*

l'encontre des structures traditionnelles de l'autorité.

C'est ce qu'écrit Martin Gurri dans *The Revolt of the Public*[1], un livre prémonitoire d'autant plus remarqué qu'il a été publié une première fois en 2014, soit deux ans avant le référendum sur le Brexit et l'élection de Donald Trump, et quatre ans avant le mouvement des Gilets jaunes. Son auteur, analyste média et opinion pour les services de renseignement américains, y étudie l'impact profond de l'ère numérique sur la politique, les médias et les institutions publiques.

Quels sont les mécanismes de cette « révolte du public » ? D'abord, le « pouvoir de l'information n'est plus l'apanage des élites. Le public a désormais la possibilité de s'informer, de s'exprimer et de se mobiliser grâce à Internet ». Cette fin du monopole de l'information s'accompagne de la montée de la critique publique et se traduit, pour les institutions et les médias traditionnels, par une perte d'autorité et de légitimité sans précédent. Martin Gurri affirme même que « le public, ne voulant plus accepter l'autorité des institutions, s'est tourné vers le vaste réseau numérique comme vers une nouvelle source de pouvoir ».

1. *The Revolt of the Public and the Crisis of Authority in the New Millennium*, South San Francisco, Stripe Press, 2018.

Les outils numériques accélèrent non seulement les mobilisations, mais amplifient aussi ce qui en fait le ciment : la contestation. La critique publique débouche dès lors plus aisément sur des mouvements sociaux qui émergent et grandissent vite en prenant par surprise les autorités établies. En France, les Gilets jaunes en ont été l'illustration frappante. Ce mouvement de contestation est né sur des groupes Facebook et s'est organisé en ligne jusqu'à prendre une ampleur inédite et une existence qui n'avait plus rien de virtuelle.

Quand la viralité des images de violence s'en mêle, c'est un cocktail inflammable. Les émeutes survenues fin juin 2023 après la mort tragique du jeune Nahel Merzouk l'ont à nouveau crûment mis en lumière. Des réseaux sociaux comme TikTok et Snapchat, la messagerie cryptée Telegram - avec ses groupes privés aux audiences considérables - ont joué un rôle majeur dans la contagion de la violence. Pillages, dégradations, incendies... Derrière ce qui ressemblait à des mouvements spontanés, nous avons découvert l'impact des appels à la violence relayés sur les réseaux et l'effet d'entraînement des images. La viralité, en temps réel, de scènes spectaculaires a provoqué la surenchère.

Certes, les plateformes ne sont pas à l'origine de ces mouvements, mais elles leur offrent unc caisse de résonance inédite. Se pose, plus que jamais, la question de la responsabilité des entreprises qui hébergent ces contenus. Les commentaires insultants, les appels à la violence, les images et les propos dégradants doivent être vite repérés et supprimés. Face à la haine, chaque minute compte.

Plus fondamentalement, l'immense puissance de ces plateformes, capables de réunir des centaines de millions de citoyens et de cadrer les modes d'interaction entre eux, leur confère désormais un pouvoir qui dépasse de loin leur vocation initiale. Résultat, quelques personnalités, non démocratiquement élues, ont le pouvoir de façonner la vie en société. Mais le génie indéniable qu'il faut pour créer de tels succès ne donne pour autant pas la légitimité de présider aux destinées des citoyens. Ce n'est d'ailleurs pas un pouvoir que ces chefs d'entreprises recherchent forcément : ils agissent en agents économiques, que cela ait des conséquences sociétales n'est pour eux qu'un effet collatéral.

Les législateurs européen et français ont, comme beaucoup d'entre nous, progressivement pris conscience des excès à l'œuvre et de la nécessité de réglementer le far west numérique pour en faire un espace plus sûr. Aujourd'hui, l'Europe construit brique après brique un régime de liberté encadrée, comportant un cadre de régulation et des obligations à la charge des grandes plateformes. Une troisième voie entre la censure pratiquée par la Chine et le laisser-faire mâtiné de patriotisme économique des États-Unis. Pour s'opposer à un encadrement européen, on nous fait croire que la liberté d'expression serait menacée. Mais ne l'est-elle pas bien davantage par les discours de haine, leur viralisation et, *in fine*, leur banalisation ?

Lequel d'entre nous ne s'est jamais surpris à regarder une vidéo violente, tout en regrettant qu'elle ait pu être postée ? À l'inverse, on est soulagé quand on arrive à résister au voyeurisme et à se protéger des contenus choquants. Pour reprendre une réflexion prêtée à Camus, nous avons à « vivre en hommes libres, c'est-à-dire comme des hommes qui refusent à la fois d'exercer et de subir la terreur[1] ». Le tri entre le bon grain et l'ivraie exige volonté et discipline. Le flot d'informations sature la capacité de discernement. Comment la démocratie - qui repose sur le principe de la souveraineté de citoyens exerçant leur responsabilité avec raison - peut-elle survivre à ce mouvement brownien qui favorise la violence mimétique et le défoulement ?

*

1. Cité *in* Charles Poncet, *Camus et l'impossible trêve civile, suivi d'une correspondance avec Amar Ouzegane*, Gallimard, 2015.

L'époque est pleine de paradoxes.

L'avènement des réseaux sociaux, ce sont aussi les mobilisations collectives qui empruntent de nouvelles voies à l'heure où certains craignaient un désengagement citoyen. Quand les chars russes ont envahi l'Ukraine, en mars 2022, de nombreux Français ont organisé des collectes de vivres, de vêtements et de médicaments. Pendant la pandémie, d'innombrables initiatives solidaires sont nées en ligne. Les soirs d'attentats, des centaines d'habitants proposaient à des inconnus de se réfugier chez eux avec le hashtag #PorteOuverte. À chaque alerte-enlèvement, les internautes se mobilisent pour la diffuser largement et, sans doute, permettent-ils de gagner du temps dans cette intense course contre la montre. Autant d'exemples qui montrent que les réseaux sociaux ont aussi le pouvoir de catalyser une énergie positive. On ne compte plus le nombre d'artistes qui ont commencé à émerger sur les réseaux, les auteurs, les artisans qui y ont fait connaître leurs créations. Fédérer des communautés, pour le meilleur ou pour le pire : c'est toute l'ambivalence des réseaux sociaux.

Face au grand défouloir, grandit aussi chez nombre de nos contemporains une demande d'apaisement, d'unité et de lien. En réaction à l'exacerbation du conflit et de la colère, beaucoup sont en quête d'espaces de convivialité, de sérénité et de légèreté. Ils éprouvent le besoin de se recentrer sur leur famille, de revenir à des divertissements simples, de se raccrocher à des chansons ou à des films agissant comme des madeleines de Proust, familières, réconfortantes. En un mot d'être rassurés. Toujours dans *Le Sacre des pantoufles*, Pascal Bruckner décrit avec ironie cette quête d'un cocon rassurant pour échapper à la dureté du monde : « Nous voici invités à rentrer en nous-mêmes car le dehors est un gouffre. La prudence est confondue avec l'inertie. L'humanité doit être mise sous cloche. Nul ne peut habiter durablement les tragédies de l'époque sans échappatoire et faux-fuyants. » Il y a, de fait, quelque chose de désespérant – et de désespéré – dans cette tentation de fuir le réel. Quelles que soient les difficultés, il est évident qu'une telle stratégie constitue une impasse. Mais le refus du défouloir, il faut l'entendre.

L'écoute, un remède au défouloir

« Plus personne écoute, tout l'monde s'exprime. Personne change d'avis, que des débats stériles » :

pas étonnant que l'on sente de plus en plus « l'odeur de l'essence[1] », comme le scande Orelsan.

Le chaos ou l'écoute : face à la montée des colères, nous avons un choix existentiel à faire. Les citoyens ont besoin de se sentir respectés et entendus, pas uniquement lorsqu'ils crient et manifestent. L'écoute peut apaiser la société du défouloir.

C'est la voie que nous invite à explorer le philosophe allemand Hartmut Rosa[2], qui esquisse au travers de son œuvre les contours d'une « société de l'écoute ». Si notre capacité à vivre ensemble est grippée, c'est sans doute qu'il nous manque quelque chose d'essentiel. Mais quoi ? Hartmut Rosa développe un concept dialectique qui ne pourra qu'inspirer toutes celles et ceux qui, comme moi, aiment la radio : la résonance.

Un corps politique, s'il veut poursuivre le bien commun[3], doit non seulement parvenir à établir

1. Titre et extrait d'une chanson d'Orelsan sortie en 2021 sur l'album *Civilisation*.

2. Hartmut Rosa, *Résonance : une sociologie de la relation au monde*, La Découverte, 2018 ; *id.*, « La société de l'écoute. La réceptivité comme essence du bien commun », *Revue du MAUSS*, 2019/1 (n° 53), p. 361 à 395.

3. Hartmut Rosa définit le bien commun démocratique « comme la création "d'axes de résonance" : un axe social (le type de relation que les gens nouent les uns avec les autres), un axe

« des relations de résonance » entre les membres de la communauté, mais aussi avec ses institutions et pratiques communes, avec son passé et son avenir, sans négliger de s'ouvrir au monde extérieur. La résonance, c'est l'antithèse de l'antagonisme. C'est la réponse à l'accélération toxique de nos sociétés occidentales - autre concept fondateur de la pensée d'Harmut Rosa - qui génère un état d'agressivité croissant entre les individus, contre soi-même et contre la nature.

« L'écoute et la réponse sont les deux pôles constitutifs d'une relation résonante », développe Hartmut Rosa avant d'en lister les quatre qualités constitutives. En premier lieu : la capacité de se laisser émouvoir par la voix des autres, sans les juger ni tenter de les réduire au silence. Pour être résonante, cette relation doit ensuite permettre à chacun d'apporter sa propre contribution et de s'exprimer. Troisième condition : la relation de résonance doit permettre une transformation personnelle ; en nous laissant toucher, en entrant en dialogue avec autrui, nos certitudes sont bousculées. Ce qui n'exclut pas les désaccords ; résonance ne signifie pas toujours harmonie. Quatrième et dernière qualité,

---

matériel (le type de relation qu'ils ont avec leur monde vécu commun) et un axe existentiel (le type de relation qu'ils entretiennent avec le monde, l'histoire, la nature ou la vie comme totalité) ».

« cruciale » selon Hartmut Rosa : l'ouverture à l'imprévisibilité, car nul ne peut maîtriser ce processus de transformation.

« L'écoute, en ce sens, n'est pas une action ponctuelle et volontaire, mais une caractéristique essentielle et constitutive des sujets humains », souligne-t-il, précisant, non sans lucidité, qu'il n'existe aucun moyen de garantir une résonance démocratique institutionnelle.

J'ai évoqué la crise de l'écoute, Hartmut Rosa parle de « crise de la résonance ». Il énumère les preuves qui, à ses yeux, attestent de cette crise profonde de nos démocraties occidentales : déclin des partis politiques établis et perte de légitimité des élites intellectuelles, montée des populismes, rejet de ceux qui sont jugés différents (réfugiés, minorités religieuses ou ethniques, ennemis de classe, etc.). Or, « en réduisant ainsi au silence tout ce qui n'est pas identique à vous, vous n'entendrez pas non plus d'autres voix auxquelles vous pourriez répondre et par lesquelles vous pourriez être affecté. Vous devenez incapable d'expérimenter des relations de résonance. »

Est-il surprenant que beaucoup d'auditeurs de la radio – média de l'écoute par excellence – soient en quête de cette résonance ? « Merci pour ces moments d'apaisement, pour ces fenêtres d'humanité sans lesquelles on pourrait passer pour un monde de brutes », nous écrit l'un d'eux. Comme en écho à ce témoignage, une autre réflexion me séduit tout particulièrement dans la pensée de Hartmut Rosa. Conséquence de la crise de la résonance, « votre propre voix ne peut plus être perçue ou articulée. Nous ne pouvons entendre, développer et épanouir notre propre voix que dans la mesure où elle entre en dialogue avec celle des autres[1]. » En progressant dans l'écoute et la compréhension de l'autre, sans chercher à le vaincre, nous progressons dans la qualité de notre propre réflexion et l'expression de nos idées. C'est la limite de certaines émissions où les invités sont sommés de s'indigner, pour faire grimper l'audimat et fabriquer des extraits « vendeurs » prêts à être viralisés. C'est la limite aussi - dans un autre registre - des leaderships solitaires et des aventures individuelles.

Je ne dis pas que cette confrontation à l'autre est toujours simple. Ni même confortable. L'altérité est toujours un risque. Celui d'être bousculé dans scs certitudes, de devoir remettre en cause ce que l'on tenait pour acquis. Chacun doit lutter contre ses propres réflexes et biais de confirmation. Mais cette insécurité est nécessaire : si nous voulons nous libérer de la société du défouloir, si nous voulons - pour prolonger la métaphore acoustique - passer

1. Hartmut Rosa, « La société de l'écoute. La réceptivité comme essence du bien commun », *op. cit.*

du larsen à la résonance, nous ne pouvons faire l'économie de cette exigence.

*

Si je relaie la pensée de Hartmut Rosa, c'est qu'elle est pleine d'enseignements pour les médias. « Une telle transformation du désert politique en une sphère de résonance démocratique suppose une condition en particulier : l'existence d'un espace public authentique comme lieu de rencontre et, donc, comme sphère de résonance où différentes voix puissent s'exprimer, s'écouter et se répondre, et ainsi se transformer mutuellement. » C'est d'ailleurs dans l'érosion des espaces de rencontre et de dialogue que le philosophe allemand situe « la cause structurelle des débats politiques actuels sur les *fake news*, les "mensonges" proférés par les médias, voire l'avènement d'une ère de la "postvérité", avec tous les problèmes sociaux qui y sont associés ».

L'essor du monde numérique nous a fait croire que les réseaux sociaux deviendraient cet espace de résonance, ouvert, pluriel et constructif. Faisant sauter toutes les barrières à l'entrée, tout le monde pourrait s'y exprimer. Force est de constater que ce que nous avons cru gagner en liberté, nous l'avons perdu en diversité.

En réalité, les conditions de l'écoute sont de moins en moins réunies. Les algorithmes des réseaux sociaux nous enferment dans des bulles. Pour faciliter nos choix, maximiser notre satisfaction, donc notre temps de consommation, ils orientent nos sélections. Nous ne sommes bientôt plus confrontés qu'à ce qui nous plaît et vient nous conforter. Nous sommes doucement faits prisonniers de nos propres affects, de nos goûts et de nos opinions. Ce fléau silencieux a un nom : le biais de confirmation. Ces bulles sont rassurantes. Elles tranquillisent celui qui lit, regarde ou écoute. Mais ne permettent plus la résonance.

Ce rétrécissement ne se produit malheureusement pas uniquement en ligne. Il commence à gagner les médias. Il a toujours existé des médias dits « de la demande ». L'effet de contagion des réseaux sociaux vient pousser à l'extrême leur modèle. Les bulles affinitaires, très structurantes dans le fonctionnement des algorithmes, inspirent ainsi l'évolution, devrais-je dire la réduction, des lignes éditoriales.

J'y vois le symptôme d'un renoncement. Dans l'environnement ultra-concurrentiel des médias, marqué par l'arrivée de nouveaux acteurs et le foisonnement des offres, la bataille pour le temps d'attention du public devient si intense que certains médias optent pour des stratégies de microciblage et des positionnements éditoriaux toujours plus tranchés. Ne croyant plus dans leur capacité à formuler une offre généraliste et fédératrice, ils préfèrent fidéliser un cœur de cible qu'il convient de ne jamais contrarier. C'est ainsi que les lignes éditoriales se simplifient jusqu'à la caricature, avant de se radicaliser. Lorsque cette radicalisation survient, les autres médias se retrouvent, bon gré mal gré, assignés à une position d'antagoniste. De façon mécanique, comme un effet de balancier, le paysage médiatique tout entier est poussé à se polariser. Chemin faisant, c'est la société qui se morcèle encore un peu plus.

*

Ce n'est pas une fatalité. Je ne peux m'empêcher de considérer que les bons résultats des radios de service public sont une bonne nouvelle en réponse à ce phénomène. Non pas que nous soyons engagés dans une course à l'audience avec nos concurrents, mais cela prouve que l'on a raison de ne pas se détourner de notre idéal d'universalité. Quand notre radio généraliste France Inter réussit à parler chaque jour à sept millions de personnes, elle rassemble forcément des citoyens qui ne pensent pas de la même façon, elle n'exclut personne *a priori*.

On ne peut pas viser l'universalité en polarisant et en fragmentant, mais en faisant entendre le pluralisme des idées, la diversité des points de vue. Il n'est pas nécessaire pour autant de gommer les aspérités des débats qui traversent la société, d'étouffer la force des convictions. C'est là, je crois, que certains détracteurs de France Inter se trompent, lorsqu'ils prennent la vivacité des positions parfois exprimées pour le symptôme d'une antenne engagée. Le pluralisme n'est pas l'effacement des différences, c'est leur expression et leur équilibre. Pour en juger, il faut écouter France Inter, vraiment l'écouter dans la durée. On ne peut mesurer l'équilibre d'une antenne en isolant trente secondes d'une journée, en l'appréhendant *via* les réseaux sociaux qui ne mettent en exergue que des bribes polémiques, en sortant telle ou telle phrase de son contexte pour mieux la dénoncer. Comme souvent, la généralisation est une démarche risquée. On voudrait sans doute que la pluralité s'entende à chaque seconde, ce qui est un non-sens. Elle réside dans le fait de donner la parole à tous, dans un espace où l'on peut parler de tout et dans un cadre apaisé pour tous. C'est ainsi que chacun peut se forger ses opinions, en esprit nourri et véritablement libre.

Il n'y a, en la matière, pas meilleure reconnaissance que ce message d'un auditeur : « Alors certes, je ne suis pas toujours d'accord, je trouve tel ou tel journaliste trop complaisant et je râle derrière ma radio. Et je me rappelle que si je peux le faire, c'est que vous avez contribué à façonner mon esprit critique, en vous ouvrant aux divers points de vue et en variant les analyses. »

*

Les journalistes, les médias plus largement, les corps intermédiaires de manière générale, sont aujourd'hui âprement critiqués.

On leur conteste « la fonction d'agenda[1] », c'est-à-dire la capacité à organiser le débat public autour de séquences et de thèmes décidés en cercle fermé. Responsables politiques, syndicats, médias ont, de fait, longtemps orienté le regard des citoyens. Il ne s'agit pas de dire aux gens ce qu'ils doivent penser, mais ce à quoi ils doivent penser.

La capacité à faire grandir des sujets en ligne est venue démocratiser cette prérogative. D'abord vertueuse, cette évolution a aussi des effets collatéraux : la désorganisation du débat public, une superficialisation des discussions et une artificialisation

1. Concept initialement développé par les chercheurs américains Maxwell McCombs et Donald Shaw, en 1972, dans « The Agenda-Setting Function of Mass Media », publié dans *Public Opinion Quarterly*.

des postures, une dérive vers le zapping permanent, au gré des soubresauts digitaux, d'un thème à l'autre sans hiérarchie, priorité ou rationalité. Il faut prendre conscience de ces dérives pour ne garder que le meilleur de la démocratisation de la « fonction d'agenda ».

Derrière les critiques formulées à l'encontre des médias, comme à l'égard d'autres institutions, se niche aussi la crainte de la manipulation. Cette défiance alimente l'aspiration à des relations directes, sans médiateur aucun. En même temps, je suis frappée de la facilité avec laquelle la société a intégré le concept d'influenceurs, ces intermédiaires nouvelle génération. Le terme devrait pourtant nous interpeller ! Il a le mérite de la transparence. Leur objectif est de nous influencer, pour susciter un acte d'achat ou un témoignage d'adhésion. Jusqu'à il y a peu, ils n'avaient même pas à signaler que leurs posts étaient rémunérés par une marque. De quoi manipuler tranquillement les esprits. À l'inverse des journalistes, ils ne sont pas guidés par une déontologie, ne sont pas tenus de recouper leurs sources ni même de dire la vérité, ils défendent des intérêts et profitent de notre écoute pour nous influencer. Ils nous prennent du pouvoir alors que les médias ont vocation à en donner. Et la société accepte cette glissade sans rechigner.

Plus dommageable encore, certains médias se comportent eux-mêmes comme des influenceurs. Les révélations sur le fonctionnement de la chaîne conservatrice américaine Fox News en est un exemple édifiant. Ses responsables ont été mis en cause pour avoir relayé, en connaissance de cause, les mensonges de Donald Trump sur de prétendues fraudes électorales lors de l'élection présidentielle de 2020. Pour plaire à leur public et le garder captif, ils ont délibérément choisi de lui dire ce qu'il avait envie de croire. Poursuivie en justice par l'entreprise Dominion (spécialisée dans le vote électronique), la chaîne a finalement préféré verser plus de 780 millions de dollars pour s'épargner un procès en diffamation. Dommage, voici une occasion perdue d'un débat public sur ces dérives et - peut-être - d'un début de coup d'arrêt.

Je crois au fond que la distinction entre médias de l'offre et médias de la demande n'est plus la grille de lecture la plus adaptée. La véritable ligne de démarcation se situe aujourd'hui entre les médias qui continuent de croire dans l'universel et dans le populaire - au sens le plus noble du terme - et les médias polarisés qui cèdent à la tentation de choisir un camp. Ceux-là ont-ils conscience du danger à long terme d'entretenir - pour des raisons économiques ou idéologiques - le défouloir et la fragmentation ?

Défouloir et désinformation, destins mêlés

On l'oublie parfois, mais l'usage même de l'expression *fake news* a été popularisé par Donald Trump pendant la campagne électorale américaine de 2016. C'est ainsi qu'il désignait ce qu'il estimait relever de fausses nouvelles lancées en connaissance de cause par les médias. Voyant alors Twitter s'enflammer à chaque apparition de cette expression, il en usa de manière systématique, comme un mantra, pour s'en prendre aux médias ou aux personnes qui le critiquaient. Peu importe s'il était en présence d'une information juste, il disqualifiait tout ce qui lui déplaisait. Calomniez, calomniez... dit l'adage. Eh bien, désormais : brouillez, brouillez les frontières du vrai et du faux, il en restera toujours quelque chose.

Alors que l'intermédiation est depuis toujours au cœur du métier de journaliste, Donald Trump fut l'un des premiers responsables politiques à revendiquer de s'en passer. Sa communication pendant ses années à la Maison-Blanche a continué à se faire sur les réseaux sociaux avec des messages pouvant surprendre jusqu'à ses propres équipes et portant la trace de ses emportements. Bien d'autres l'ont suivi depuis.

En France, c'est le même refus de l'intermédiation qui a conduit certains manifestants Gilets jaunes à choisir de parler à Russia Today plutôt que de prendre le risque d'être nuancés, corrigés, « fact-checkés » par des médias tenus déontologiquement de rétablir les faits quand on s'en éloigne. On a vu se multiplier des demandes de passage à l'antenne en direct, sans délai entre la prise d'images ou de son et leur diffusion, sans intervention aucune d'un journaliste. Au risque de sérieux dérapages en direct. Toute intermédiation de journalistes étant soupçonnée de déformer la réalité.

Depuis cette période, je dis que notre chaîne d'information franceinfo est une chaîne d'info « en continu », pas une chaîne d'info « en direct ». L'intermédiation est notre métier et elle est collectivement une protection.

Pas simple de penser contre soi-même…

Faites l'expérience autour de vous. Face à quelqu'un qui exprime son ressenti personnel, tentez d'apporter la juste contradiction, en pointant par exemple que les faits statistiques démontrent que ce qui peut exister à une échelle individuelle ne se vérifie pas forcément à l'échelle de la société. Il faut aujourd'hui un courage démesuré pour énoncer des vérités lorsqu'elles sont susceptibles de heurter des sentiments.

Voici venue l'ère de l'émotion, de l'anecdote et du témoignage. Désormais, la subjectivité donne souvent le *la*. La focale est inversée : on parle moins de la société dans une approche collective, que de la société au prisme des expériences individuelles érigées, un peu trop vite, au rang de vérité générale. Les consensus scientifiques sont mis à distance. Les experts sont regardés avec méfiance. Les chiffres et les statistiques, relativisés. Les petites histoires sont préférées à la grande histoire.

Que l'on me comprenne bien : la parole des individus permet d'incarner l'actualité, elle est nécessaire, elle a trop longtemps été invisibilisée. Pour autant, elle n'est pas toujours gage de vérité. Elle apporte ce à quoi nous aspirons tous : de l'authenticité, mais n'échappe ni aux biais de confirmation, ni aux biais de représentation. Parmi ceux qui se saisissent volontiers des micros tendus, les micro-communautés virulentes sont, en effet, assez naturellement surreprésentées, au risque de déformer notre perception du réel.

Autant que les faits eux-mêmes, les tendances et les émotions ne mériteraient-elles pas d'être « fact-checkées » ? Ce n'est pas nier les émotions que de les confronter au réel. J'irais même plus loin : les émotions, les réactions, les sentiments ont une valeur d'information. Température ressentie *versus* température relevée. Sentiment d'insécurité *versus* statistiques des crimes et délits. Aucun de ces ressentis n'est à sous-estimer car ils reflètent l'état d'esprit d'une société et permettent de la comprendre. Il est notamment inévitable que les politiques les écoutent et les prennent en compte s'ils ne veulent pas aller dans le mur. Là où cela ne fonctionne plus, c'est quand on ne tolère pas que des faits viennent mettre en perspective les ressentis. Car une juxtaposition de ressentis individuels ne fait pas une réalité commune.

Le 29 novembre 2016, *The New Yorker* publiait le dessin de Joe Dator, « *Facts don't matter* » (« Les faits n'ont pas d'importance »), dépeignant une forme de « Questions pour un champion » dans lequel l'animateur lance : « *I'm sorry, Jeannie, your answer was correct, but Kevin shouted his incorrect answer over yours, so he gets the point.* » (« Désolé Jeannie, ta réponse était bien correcte, mais Kevin a crié sa mauvaise réponse plus fort, il obtient donc le point. ») Édifiant, comme souvent.

Finalement, les faits n'ont plus de statut supérieur. Ils sont une opinion comme les autres. C'est à cela que j'ai pensé quand le réseau X a annoncé, en août 2023, une nouvelle fonctionnalité : les « notes de la communauté ». Tout un chacun peut

"I'm sorry, Jeannie, your answer was correct, but Kevin shouted his incorrect answer over yours, so he gets the points."

Dessin de The New Yorker *"Facts don't matter".*

désormais commenter les tweets qu'il estime trompeurs ou porteurs de *fake news* pour les préciser ou les corriger. Contribuant ainsi à un monde mieux informé ? Pas vraiment. Ce n'est pas la véracité des commentaires ou l'expertise reconnue de l'émetteur qui entraînent leur publication, mais la masse de soutiens qu'ils engrangent. Sur un réseau qui n'a cessé de se polariser ces dernières années autour de communautés très engagées, il n'a pas fallu longtemps pour observer comment certains groupes inondent de notes les tweets du camp adverse pour faire avancer leurs idées. C'est la loi du plus fort, où la foule - voire la meute - a forcément raison. Pur cynisme d'un milliardaire partisan d'une modération faible ou inexistante des contenus, ayant taillé dans les équipes de modération dès sa prise de contrôle, et qui a trouvé là le moyen le plus économique de nous faire croire à l'existence d'un dessein honorable.

En novembre 2022, fraîchement propriétaire du réseau, Elon Musk postait : « *Twitter needs to become by far the most accurate source of information about the world. That's our mission.* » (« Twitter doit devenir la source d'information de loin la plus précise sur le monde. C'est notre mission. ») Il prétend lutter contre l'usure des médias traditionnels en y proposant une alternative. Pourtant l'ubérisation de l'information qu'il appelle de ses vœux n'est nullement le remède aux maux de l'information, que ce soient les infox, l'infobésité ou la fatigue informationnelle que l'on voit grandir un peu partout. Elle en est plutôt l'une des explications.

Bien sûr, l'actualité est anxiogène, mais cela ne suffit pas à expliquer la crise de l'information que nous connaissons aujourd'hui. Les années 1930 avec la montée des périls, les années 1960 avec la peur du nucléaire ou les années 1990 avec les guerres dans les Balkans, étaient-elles plus propices à une lecture heureuse de l'actualité ? Non, le problème n'est pas la nature de l'information mais le grand imbroglio dans lequel il faut aller la débusquer.

Imbroglio que l'incursion de l'intelligence artificielle dans le domaine de l'information ne fera que renforcer. Durant l'été 2023, OpenAI annonçait le lancement de son *crawler* GPTBot, un programme dont la vocation est de parcourir le web et d'aspirer les contenus produits par d'autres pour nourrir l'acuité de son moteur d'intelligence artificielle. La manœuvre pose des questions de droits et de rémunération, mais plus encore, elle soulève une question éthique. Une fois digérés par le robot, les contenus deviennent méconnaissables. Des bouts d'information se retrouveront inévitablement mélangés à d'autres, dont certains issus de sources contestables. Un patchwork d'informations - même justes - assemblé par un calcul statistique est-il toujours une information fidèle et fiable ? De bons ingrédients ne font pas toujours une bonne recette. Tout aussi préoccupant, l'IA poussera à l'extrême le phénomène de désaffiliation : elle produira des écrits sans sources, des propos sans émetteurs, des créations sans créateurs. Parfait terreau de la mal-information. Un spécialiste me disait même récemment : « Méfiez-vous, quand l'IA ne sait pas, l'IA invente. » À l'heure où la défiance est l'un des principaux maux qui ronge les sociétés, prenons garde de ne pas jeter trop vite aux oubliettes tout cadre déontologique.

La journaliste philippino-américaine co-lauréate du prix Nobel de la paix en 2021, Maria Ressa, parle d'une « bombe atomique invisible » dès lors qu'il n'y a plus de faits partagés, plus de réalité partagée. « Lorsqu'un système récompense le mensonge à grande échelle, tout se retrouve sens dessus dessous, souligne-t-elle. Les gens élisent démocratiquement des autocrates, la démocratie recule, c'est comme tomber dans le terrier du lapin des *Aventures d'Alice au pays des merveilles*[1]. »

*

Le fléau de la désinformation n'est pas sans évoquer celui des épidémies sanitaires. Il n'y a sans doute pas de hasard à l'apparition ces derniers temps de la métaphore « épidémie d'infox ». C'est la même logique qui permet à l'un et l'autre de prospérer. Il faut écouter les derniers mots de l'épidémiologiste et grand professeur Renaud Piarroux dans la saison 8 des « Mécaniques des épidémies » de France Culture, consacrée à Ebola. Face à une maladie

1. Marine Lamoureux et Jean-Christophe Ploquin, « Maria Ressa, Prix Nobel de la paix : "La bataille pour informer est aussi celle des citoyens" », *La Croix L'Hebdo*, 26 avril 2023.

contre laquelle nous disposons de moyens d'action médicale qui restent limités, on ne peut contenir la propagation sans deux choses fondamentales : la confiance et la coopération de la population. Si la population concernée est hostile aux équipes médicales ou institutionnelles, si elles ne suivent pas les recommandations sanitaires pour se protéger, la lutte contre l'épidémie s'avère quasi impossible. Entendre de la bouche même d'un scientifique que la confiance est aussi décisive que la réponse médicale est significatif.

Face à la contagion de la désinformation, c'est la même chose. Si nous ne travaillons pas sur un contrat de confiance entre les citoyens et les médias, si nous n'arrivons pas à sensibiliser chaque nouveau citoyen, dès l'école, dans le cadre du corpus d'enseignements fondamentaux, à la nécessité de vérifier les sources et de ne jamais baisser la garde de leur esprit critique, alors nous perdrons face aux forces de la manipulation et de la déstabilisation.

Embarquer la jeunesse

Après l'assassinat de Samuel Paty, nous pourrions comprendre qu'un nombre croissant de professeurs puisse avoir des réticences à aborder des sujets sensibles, qui sont pourtant au cœur des valeurs sur lesquelles s'est construite notre République. Nous devons faire corps avec les enseignants, ils ne sauraient porter seuls cette nécessité. Les médias bien sûr peuvent soutenir ce travail.

Encore faut-il que les médias survivent à la déferlante numérique, qu'ils l'enjambent en quelque sorte et, pour cela, qu'ils sachent conquérir les jeunes qui feront le monde d'après.

Pendant la campagne de la dernière élection présidentielle, en 2022, la question de l'abstention, en particulier celle des jeunes générations, nous a beaucoup occupés à Radio France. Comment faire reculer ce désenchantement citoyen que l'on voyait monter chez beaucoup de Français ? Comment, dans ce contexte, créer un désir citoyen chez les plus jeunes ? Surtout, comment faire naître, à la croisée de tous les pans d'une société de plus en plus fragmentée, ce moment démocratique universel, où la nation se rencontre, débat et décide ensemble de son avenir ?

Historiquement, les médias dits « de masse » jouent ce rôle. À la radio et à la télévision, aux heures de grande écoute, on a une chance de rassembler largement les Français et de créer - nonobstant la diversité des opinions - du commun. Créer du commun, c'est depuis toujours la principale contribution des médias traditionnels à la société, en même temps que leur principal défi pour l'avenir.

Dans ce schéma, les jeunes ont toujours été un peu à part. De tout temps, les médias ne leur parlent pas tout à fait comme aux autres générations. Mais auparavant, on pouvait se permettre de ne pas se soucier spécifiquement d'eux. Comme un cycle de vie bien huilé, il suffisait d'attendre : de l'émission éducative *C'est pas sorcier*, les jeunes passeraient aux antennes ouvertes à la radio, puis naturellement aux grand-messes d'information. Le basculement des pratiques et des attentes est aujourd'hui tel qu'une approche passive pourrait ne pas aboutir aux mêmes résultats que par le passé. Ce n'est plus le cycle de vie qui domine, mais l'effet de génération.

Avec la jeunesse qui votait pour la première fois en avril 2022, cette jeunesse née avec les réseaux sociaux, il ne s'agit plus de lui parler différemment, il s'agit de lui parler tout court. Elle n'est simplement plus dans le même couloir de nage que les générations qui la précèdent. À vrai dire, chacun n'utilise que son couloir. Les plus jeunes s'expriment sur TikTok ou Twitch, les actifs et les urbains se retrouvent sur Instagram, les plus politisés et engagés se querellent sur X, les moins jeunes sont sur Facebook… Sur la forme, on ne parle pas à cette jeunesse comme aux précédentes : les modes d'écoute, les habitudes de consultation de l'information, les voies d'accès à la culture ont radicalement changé.

Sur le fond non plus, la jeunesse actuelle ne nous attend pas sur les mêmes sujets. D'autant qu'elle détonne ! Nous vivons quelque chose que l'on n'avait pas connu depuis longtemps - peut-être depuis 1968 ? : un renouvellement radical des idées. Du rapport à la laïcité au rapport à l'identité en passant par le rapport à l'histoire et à la nature, la définition du progrès, la vision du couple et du désir d'enfant, ce que l'on attend du travail ou de l'engagement... les jeunes portent une vague de questionnements qui touche jusqu'à ce qui nous semblait intemporel depuis les Lumières.

Surtout, elle n'est pas intimidée. Elle est la première génération pour laquelle la menace climatique n'a plus rien d'abstrait au point de façonner profondément sa manière de se projeter dans l'avenir. Il n'est pas étonnant qu'elle prenne moins pour acquis le corpus d'idées et de valeurs qui se transmettait de génération en génération de manière relativement stable ces dernières décennies. Que l'on trouve ce souffle de renouveau déstabilisant ou stimulant, inquiétant ou enthousiasmant, nul ne peut nier qu'il est là, qu'il n'est pas passager.

Comment faire société dans ces conditions ?

Dans un collectif d'individus qui aiment à affirmer leurs singularités, dans un monde où chaque génération s'informe, se socialise et se cultive dans une bulle différente, et alors que les grandes affiliations - politiques et syndicales, idéologiques et spirituelles - qui maillaient la société se distendent peu à peu, cela est de plus en plus difficile, mais de plus en plus indispensable aussi.

Sans image, certains prétendent qu'il serait impossible de leur parler. Mais nos enfants, pas plus que nous, ne pourront se contenter durablement d'une relation au savoir et à la connaissance qui ne repose que sur des vidéos courtes.

La balle est dans notre camp. Il ne suffit plus d'attendre passivement que cette génération nous rejoigne dans un commun qui lui préexiste, il nous faut amener ce commun à elle et lui permettre, peut-être plus tôt que ses prédécesseurs, de le façonner.

« On n'entre pas dans la maison d'autrui avec ses propres clés. » Je tiens ce précepte d'un religieux habitué à dialoguer avec d'autres croyants, souvent éloignés de sa culture. Entrer en résonance avec d'autres, c'est consentir à faire un pas de côté, se décentrer de soi. Je crois, comme lui, que l'écoute est un art de l'hospitalité.

2
Vertus de l'écoute

L'écoute, un besoin vital

C'est une vidéo que je n'oublierai pas. Une séquence d'une minute à peine, postée sur les réseaux sociaux par une mère de famille. On y voit une fillette de trois mois, silencieuse, presque sérieuse. Peut-être sent-elle l'importance du moment. Charlotte a une déficience auditive et vient d'être appareillée par les médecins. Sa mère retient son souffle. Nous aussi. Comment l'enfant va-t-elle réagir ? Elle lui parle alors avec douceur et, pour la première fois, Charlotte entend la voix de celle qui lui a donné vie. Quelque chose se libère en elle. Son visage s'illumine de l'intérieur : elle vient de naître une seconde fois.

Cette vidéo m'a marquée, comme des millions d'autres parents. Peut-être l'avez-vous vue aussi ? J'y perçois une illustration de la puissance de l'écoute.

La performance de Hoshi, le 11 février 2022, sur la scène des Victoires de la musique, m'a également interpellée. Cette jeune chanteuse est atteinte de la maladie de Ménière, un trouble de l'oreille interne qui lui a déjà fait perdre 40 % de son audition. Ce soir-là, accompagnée d'une interprète en langue des signes - et utilisant une forme d'expression appelée le chansigne -, elle présente « Fais-moi signe », une chanson dans laquelle elle évoque sans détour sa maladie. Elle y décrit son combat pour continuer à chanter en public, les crises de vertige et la peur de ne plus entendre.

Entendre pour la première fois, sentir son audition décliner, deux illustrations de la valeur de l'écoute dans nos existences, deux illustrations aussi de toute sa fragilité. L'être humain a besoin d'écouter et d'être écouté. Notre capacité d'écoute fonde grandement notre présence au monde.

Aux origines de l'écoute

Même dans les cultures où la tradition écrite est ancienne, comme c'est le cas en France et dans les pays d'Europe, la place de l'écoute est importante. Les nombreux proverbes dont regorge notre langue quotidienne sont autant de vestiges d'un temps pas si lointain où la sagesse se devait d'être facilement mémorisable pour pouvoir être transmise.

Règles sociales, rites culturels, spiritualité, histoire, littérature... des siècles durant, tout ou presque se perpétuait grâce à l'écoute. Entre le conteur et l'auditeur se tissait une mémoire vivante, que l'on se plaisait à diffuser à son tour. Comme un fil d'Ariane entre les générations. C'est ainsi que les histoires et les mythes furent colportés sur les lèvres des aèdes, des bardes et des ménestrels, avant d'être consignés plus tard dans les livres. Comme le dit si bien Paul Valéry : « Longtemps, longtemps *la voix humaine* fut base et condition de *la littérature*. La présence de la voix explique la littérature première, d'où la classique prit forme et cet admirable *tempérament*. [...] Un jour vint où l'on sut lire des yeux sans épeler, sans entendre, et la littérature en fut tout altérée[1]. »

De grandes traditions orales inspirèrent des œuvres aussi fondatrices que l'*Iliade* et l'*Odyssée* d'Homère (VIIIe siècle avant J.-C.) ou *la Chanson de Roland* (XIe siècle). Sans doute l'écoute les avait-elle enrichies au fil du temps, avant qu'un auteur ne les fixe pour de bon à l'encre de sa plume.

Il n'est pas exagéré d'affirmer que l'écoute a, dans une large mesure, forgé le monde que nous

1. *Tel quel, I*, 1941. Souligné par l'auteur.

connaissons aujourd'hui. C'est flagrant, par exemple, en matière de culture religieuse. Le judaïsme et le christianisme - dont les sociétés européennes sont, pour une grande part, les héritières - se sont développés grâce à la transmission orale. Rien que dans la Bible, le mot « écoute » apparaît à 265 reprises[1], signe de l'importance que revêt cette fonction dans une perspective spirituelle. Le Deutéronome contient une prière célèbre, « *Shema Israël* », qui inscrit l'écoute au centre de la vie du croyant, comme l'explique la rabbin Delphine Horvilleur : « *Shema* signifie littéralement "écoute". Il est une invitation à entendre les commandements et les injonctions du divin à l'égard de son peuple. La parole divine s'écoute mais ne se "voit" pas : la révélation est d'abord et avant tout auditive[2]. » La coutume veut que la personne qui récite cette prière se cache les yeux avec la main pour signifier qu'elle s'en remet tout entière à l'écoute[3]. Comme Moïse devant le buisson ardent, qui entend la voix de Dieu mais se cache le visage pour ne pas le regarder. On sait aussi que des manuscrits anciens insistent sur l'importance de l'écoute en l'écrivant avec des

1. Bible liturgique (Association épiscopale liturgique pour les pays francophones).
2. Delphine Horvilleur, *En tenue d'Ève. Féminin, pudeur et judaïsme*, Grasset, 2013.
3. *Ibid.*

caractères plus gros, ce qui vaut au mot « écoute » d'être rendu dans une célèbre traduction contemporaine en lettres majuscules, « ÉCOUTE », pour en restituer l'intention[1].

Notons que le verbe « écouter » en hébreu est empreint d'un sens plus ouvert qu'en français : en fonction du contexte, il peut signifier tour à tour entendre, obéir ou encore apprendre. Pour moi, cette polysémie suggère que l'écoute dépasse l'idée que l'on s'en fait. Elle est un moyen de se transformer, loin de la passivité qu'on pourrait lui prêter.

Cette force agissante de l'écoute, des artistes de tous horizons l'ont depuis longtemps perçue et exprimée, à l'image du poète Alfred de Musset qui, dans son poème *La Nuit de mai*, écrit : « La bouche garde le silence / Pour écouter parler le cœur », comme si de l'écoute naissait toute création. Ou Paul Claudel, dans *L'Œil écoute*[2], qui nous dit que même en matière d'arts visuels, le regard ne suffit pas. Pour être vraiment réceptif, il faut écouter l'œuvre. Comme si de l'écoute naissait aussi toute émotion. Comme s'il fallait se taire un instant pour qu'advienne la beauté. Le trompettiste de jazz Miles Davis préconisait un jeu aéré pour laisser sourdre la grâce : « La véritable musique est le silence et toutes les notes ne font

1. Traduction œcuménique de la Bible, Cerf/Biblia, 2010.
2. Publié en 1946.

qu'encadrer ce silence. » Il suffit d'écouter *Kind of Blue*, son légendaire album de 1959, pour saisir la clarté de cette intuition attribuée au célèbre jazzman. Certains romanciers, eux, n'ont pas oublié que la littérature elle-même est fille de l'écoute. Gustave Flaubert disait ses textes à haute voix pour s'assurer de leur vigueur : « Je ne sais qu'une phrase est bonne qu'après l'avoir fait passer par mon *gueuloir*[1]. » Et que dire du théâtre ! Comme peu d'autres disciplines, l'art dramatique repose sur la capacité des comédiens à capter l'attention du public pour transmettre une émotion. À la Comédie-Française ou dans un théâtre de quartier, c'est toujours la magie de l'écoute qui opère. Nous redevenons, pendant une heure ou deux, ces êtres modelés par la force ou la fragilité d'une voix et de ses silences, comme l'étaient nos ancêtres.

Des philosophes antiques, comme Pythagore, étaient connus pour enseigner à leurs élèves derrière un rideau, afin qu'ils se concentrent pleinement sur leurs paroles. Quand on ne voit pas, on entre dans une dimension nouvelle et fascinante. Ce phénomène porte un joli nom : on dit d'une voix – et plus généralement d'une source sonore – dont l'origine est mystérieuse qu'elle est acousmatique. La radio

1. Paul Bourget, *Essais de psychologie contemporaine*, 1883, p. 100.

elle-même repose sur cette fascination acousmatique : on ne voit pas celles et ceux qui parlent et, de ce fait, on les écoute plus intensément.

De la confession, jusqu'à la séance chez le psychanalyste, l'écoute, sans voir, est souvent synonyme de profondeur et de vérité.

Signe des temps, l'écoute est aujourd'hui recherchée comme le serait une ressource rare. Chacun a besoin d'être écouté au point que de plus en plus de personnes sont prêtes à payer pour accéder à ce qui semble désormais si difficile à trouver.

*

Cette brève évocation de l'écoute à travers les âges et les cultures me semble essentielle : je perçois en elle un bien originel dont nous n'avons plus forcément conscience. Le monde que nous aimons découle pourtant en grande partie de ses vertus : qui dit écoute dit transmission, mémoire, patience, compréhension, retenue, dialogue, possibilité de concorde... Autant d'aptitudes et de qualités dont notre époque semble trop souvent orpheline, tant les outils numériques ont fait de nous des émetteurs et des commentateurs[1], de moins en moins enclins à recevoir.

1. Lire notamment Nicolas Truong, *La Société du commentaire*, Éditions de l'Aube, 2022.

On ne peut donner tort à Simon et Garfunkel qui, dans leur ballade folk iconique « *The sound of silence* », déploraient en 1964, déjà, le manque de communication et d'écoute véritable dans les sociétés modernes :

And in the naked light I saw
Ten thousand people, maybe more :
People talking without speaking,
People hearing without listening,
People writing songs that voices never share.
No one dared
Disturb the sound of silence.

Et dans la lumière nue, j'ai vu
Dix mille personnes, peut-être plus :
Des gens qui discutent sans se parler,
Des gens qui entendent sans écouter,
Des gens qui écrivent des chansons que des voix ne partageront jamais.
Personne n'a osé
Troubler le son du silence.

Loin de moi la tentation d'idéaliser un âge d'or – qui n'a sans doute jamais existé. Je ne suis pas une nostalgique et n'ai pas l'âme d'une conservatrice. Quand je suis « montée » à Paris depuis Dijon pour faire mes études supérieures, je voulais – en toute immodestie ! – changer le monde. Je trouve cocasse que l'on m'ait parfois renvoyé l'image d'une énarque, forcément technocrate, alors que rien ne m'ennuie plus que les propos conventionnels. Rien ne m'agace plus qu'à la question « pourquoi ? » on puisse répondre : « Parce que ça a toujours été comme ça. »

L'écoute, pas comme vestige du passé, mais comme valeur d'avenir. Comme la possibilité de s'ouvrir à l'autre et de s'en trouver changé, pour le meilleur.

L'écoute, comme un continent à redécouvrir.

Doudou des temps modernes

C'était l'hiver dernier. Mon fils termine sa leçon de ski. À quelques pas de nous, une mère vient chercher son enfant de quatre ans. Dès qu'il la voit, il se met à pleurer. La jeune femme tente de le consoler, mais rien n'y fait. Désemparée, elle finit par sortir son smartphone de sa poche. Elle le tend à son enfant qui s'en saisit comme un affamé. Il s'apaise instantanément. Ce n'est plus la maman qui rassure, mais l'écran, ce doudou des temps modernes.

Cette scène est révélatrice des difficultés que l'on a aujourd'hui en tant que parents à limiter l'effet envahissant des écrans dans la vie de nos enfants. Et celle de nos familles. Beaucoup ne savent plus comment tenir les écrans hors de leurs relations filiales. Certains se transforment malgré eux en dealers d'écrans : on s'achète une paix familiale de courte durée tout en ayant conscience, au fond de nous, d'entretenir une dépendance malsaine.

Au point qu'on n'imagine plus un monde enfantin sans écrans. Chez les Veil, on tente de résister. Quand nous prenons le train en famille, nos enfants discutent, jouent, rient, comme l'ont toujours fait les enfants pour meubler les longs voyages. À la différence que, désormais, cela nous vaut quelques marques d'agacement. Certains se passeraient bien de ces enfants qui se comportent comme des enfants. Faudrait-il les réduire au silence, chacun derrière un écran ? Bienvenue en absurdie. La pression est si forte, venue de la société, suscitée par l'omniprésence des écrans et l'attirance exercée irrésistiblement sur nos enfants, que les parents sont tentés de transiger, à contrecœur. Qu'il est difficile, aujourd'hui, d'éduquer un enfant sans écran !

Du reste, comme me le confiait récemment Stanislas Dehaene, psychologue spécialisé en neuropsychologie, « le vrai problème, c'est que de nombreux parents sont eux-mêmes sur les écrans ». L'interruption systématique de l'attention des parents par des outils numériques a des effets profonds. Une notification SMS et l'on perd le fil du récit de la journée de son enfant, un message qui nous semble urgent et l'on s'énerve si notre enfant vient nous en distraire. Les enfants arrivent le matin à l'école accompagnés de parents qui ont des écouteurs sur les oreilles et parlent à un interlocuteur virtuel. Pas étonnant que certains enfants ne fassent plus nécessairement le lien entre « ma maîtresse me regarde » et « ma maîtresse s'adresse à moi », tant ils voient d'adultes parler « dans le vide », à de mystérieux interlocuteurs que l'on ne voit jamais.

Dans une tribune parue dans le journal *Le Monde* en mars[1], le psychiatre Serge Tisseron pointait du doigt le sentiment d'abandon développé par certains enfants et les troubles du comportement associés. Une enquête du même journal au titre éloquent, « "Papa, maman, arrêtez de consommer !" : et si le problème des écrans, c'était les parents[2] ? », relaie l'observation menée par une pédiatre américaine des comportements à l'heure du déjeuner, dans des fast-foods de la région de Boston[3]. Obnubilée par

1. Serge Tisseron, « La proposition de loi sur l'exposition des enfants aux écrans risque de se transformer en "loi de bonne conscience" », *Le Monde*, 23 mars 2023.

2. Clara Georges, « "Papa, maman, arrêtez de consommer !" : et si le problème des écrans, c'était les parents ? », *Le Monde*, 1er juillet 2023.

3. Jenny S. Radesky *et al.*, « Patterns of mobile device use by caregivers and children during meals in fast food restaurants », *Pediatrics* 133(4), avril 2014.

son smartphone, une femme donne un coup de pied sous la table à l'enfant qui la sollicite, tandis qu'une autre repousse les mains du jeune garçon qui essaye de lui faire lever les yeux de sa tablette. Je suis moi-même régulièrement frappée par de telles scènes, qui se déroulent sous nos yeux, révélatrices de l'ambivalence des adultes face aux écrans.

Nous avons beau jeu de nous alarmer de la surconnexion de nos enfants, mais, nous-mêmes, quel exemple donnons-nous ? Est-on prêt à se sevrer, ne serait-ce que quelques heures ? Pour beaucoup d'entre nous, même un renoncement si simple demande de grands efforts.

Dans une interview parue récemment[1], l'écrivain voyageur Sylvain Tesson, fer de lance d'une certaine idée de la vie aventureuse et déconnectée, expose les raisons qui le tiennent éloigné des écrans : « Avec la "digitalocratie", quelque chose de plus important que ce qui a été gagné a été perdu. [...] Quand on a un écran devant soi, c'est qu'on cache quelque chose et qu'on masque le reste. Je n'ai pas d'écran, donc je continue à vivre dans un monde où la vérité m'arrive en pleine face. Sans être remalaxée, reformulée, reprogrammée par un

1. Valérie Toranian et Étienne Gernelle, « Sylvain Tesson : "Il y a quelque chose de plus noble que de lutter, c'est de déguerpir" », *Le Point*, 17 août 2023.

système. [...] Aucun de mes bonheurs, aucun de mes saisissements n'est provenu du cyber. » Et Sylvain Tesson de se fendre d'un de ces aphorismes dont il a le secret : « L'écran, c'est la fenêtre qui fait croire qu'elle n'a pas de barreaux. » Comment lui donner tort sur ce point ? Évidemment, nous n'avons pas tous une vocation d'ermite ou de trappeur. Tout le monde n'a pas la fibre minimaliste - même si la tendance existe. Mais ces propos sans concession ont le mérite de nous faire réfléchir sur nos propres usages numériques.

D'où vient cette attirance ? Si nous sommes tous un peu accros aux écrans, notamment aux vidéos courtes que nous servent en continu Instagram, TikTok et autres Snapchat, c'est sans doute parce qu'elles réactivent en nous des réflexes qui remontent aux origines de l'humanité. Pour des raisons vitales, notre cerveau a besoin d'être distrait par les changements d'environnement. Vestige d'un temps où le moindre froissement pouvait être signe de danger. Comme le relève le neuroscientifique Jean-Philippe Lachaux, « nous ne pouvons pas nous permettre d'ignorer un serpent ou une personne furieuse s'avançant vers nous[1] ».

1. Jean-Philippe Lachaux, *Le Cerveau attentif. Contrôle, maîtrise et lâcher-prise*, Odile Jacob, 2011.

Avec les courtes vidéos qui défilent, c'est un peu la même chose. Nous avons l'illusion d'être attentifs à ce que nous voyons. En réalité, nous ne traitons que les changements d'images. Les tours des meilleurs prestidigitateurs reposent sur ce principe, tout comme de célèbres expériences scientifiques. Connaissez-vous les « pièges de l'attention » ? Il faut voir au moins une fois l'expérience du « gorille invisible », menée en 1999 par les psychologues américains Christopher Chabris et Daniel Simons, pour démontrer les limites de notre perception[1].

Le fait est là : l'image animée active une réponse immédiate à laquelle nous ne savons pas résister. Si nous y parvenons, c'est au prix d'un effort considérable. Dans les forêts préhistoriques, réagir au quart de tour était un gage de survie. Mais, aujourd'hui, nos cerveaux saturés ne savent plus comment traiter cette surabondance de stimuli inutiles. Nous sommes happés par ces *rabbit holes*[2] sans fond, aspirés irrépressiblement vers des choses sans importance.

Pourtant, on ne s'en passerait plus, des écrans. Et il ne s'agit pas de les diaboliser. Chaque support a

1. On trouve cette vidéo très facilement en ligne, notamment à l'adresse https://tinyurl.com/56crkm7p

2. Littéralement « trous de lapin », en référence aux *Aventures d'Alice au pays des merveilles.*

sa singularité, sa fécondité propre. Il est des choses qu'on a besoin de voir, pour leur beauté, pour leur tragique. Nous avons besoin du cinéma pour nous emporter ailleurs, nous émerveiller. Nos télévisions font vivre nos intérieurs, elles sont une présence réconfortante pour les uns, divertissante pour les autres. Les séries nous tiennent en haleine, rythment de plus en plus nos soirées. Nos smartphones nous permettent d'être reliés à nos proches et d'accomplir mille et une tâches quotidiennes, des rendez-vous chez le médecin au suivi des résultats scolaires. Les écrans font partie de nos vies ; il serait tout aussi illusoire qu'injustifié de vouloir les congédier. L'histoire ne se fait jamais en revenant en arrière.

Et puis, ce prétendu âge d'or pré-écrans n'existe pas pour toute une partie de la population. Les jeunes de la génération Z n'ont jamais connu le monde sans réseaux sociaux. Dans son ouvrage *Le Prisme des réseaux sociaux*[1], le sociologue Chris Bail prévient : « Pour les jeunes, quitter les réseaux sociaux ne signifie pas un retour à la situation antérieure ; cela veut dire renoncer à leur mode de vie. Les réseaux sociaux sont désormais si associés à notre existence qu'ils en viennent à façonner notre identité. » Claquer la porte de l'agora virtuelle serait

1. Chris Bail, *Le Prisme des réseaux sociaux. La polarisation politique sur Internet*, PUF, 2023.

donc un saut dans le vide aussi utopique que déstabilisant.

Mais voilà, nous sommes de plus en plus nombreux à percevoir qu'un excès de « lumière bleue » n'est pas neutre sur notre équilibre psychique et celui de nos enfants : excitation nerveuse, décrochage scolaire, sommeil en berne, difficultés à se concentrer... sans parler du grand tabou de la pornographie, qui touche tous les âges - même les enfants - et tous les milieux sociaux, ou encore l'emprise exercée par certains influenceurs accusés de dérives sectaires. Poussé à l'extrême, l'usage du smartphone a tout d'une addiction. L'écran, nouvelle drogue dure ?

Seize ans après le lancement du premier iPhone par Steve Jobs, les effets de la surconnexion sont de mieux en mieux décrits et documentés. Au point qu'un pays comme la Suède, pionnier dans le déploiement des écrans à l'école, a décidé de réintroduire progressivement les manuels scolaires en classe[1]. En cause : un recul des compétences des jeunes Suédois en lecture et en compréhension, crûment mis en lumière par une étude

1. Anne-Françoise Hivert, « La Suède juge les écrans responsables de la baisse du niveau des élèves et veut un retour aux manuels scolaires », *Le Monde*, 21 mai 2023.

internationale[1]. On avait cru pouvoir sortir par la porte et ranger au musée le bon vieux manuel scolaire et voilà qu'il revient par la fenêtre.

L'écran se retrouve désormais sous surveillance. À haute dose, de surcroît à un très jeune âge, son influence serait délétère pour la santé mentale. La littérature scientifique existante permet de mieux comprendre ces risques, sans non plus les exagérer. Car c'est bien la dose qui fait le poison, selon la célèbre intuition du médecin suisse Paracelse au XVIe siècle.

L'attention et la concentration sont manifestement altérées par l'utilisation prolongée des smartphones et des tablettes. L'habitude de « scroller » (faire défiler) du contenu multimédia provoque une surstimulation qui peut rendre plus difficile la focalisation de l'attention sur des tâches exigeant davantage de concentration et de patience. À commencer par la lecture d'un banal roman de 300 pages. C'est ce que soulignait, déjà en 2014, un passionnant article du *Washington Post* faisant état des avancées des neurosciences cognitives dans le domaine de la lecture[2] : les

1. « Progress in international reading literacy » (Pirls), publiée le 16 mai 2023.

2. Michael S. Rosenwald, « Serious reading takes a hit from online scanning and skimming, researchers say », *The Washington Post*, 6 avril 2014.L'article s'appuie notamment sur les travaux dc Maryanne Wolf, neuroscientifique cognitive de l'université

êtres humains, avertissent les chercheurs, semblent développer « des cerveaux numériques avec de nouveaux circuits pour parcourir rapidement le torrent d'informations en ligne ». Cette nouvelle manière de lire « concurrence les circuits traditionnels de lecture en profondeur développés pendant plusieurs millénaires ». Avant le Web, on lisait de façon linéaire, page après page, chapitre après chapitre. La mise en forme des ouvrages favorisait l'assimilation des informations clés. Internet a introduit une lecture non linéaire : abondance de liens, distractions multiples, interruptions fréquentes... Notre cerveau doit former des raccourcis pour gérer cette surcharge d'informations. Et notre lecture est de plus en plus hachée. Jusqu'à ne plus « savoir » comment lire avec attention ? Fatigue, somnolence, inattention, abandon après quelques pages... Peut-on parler de progrès ?

Chez certains, cet usage intensif peut se transformer en addiction. La dépendance aux écrans risque alors d'entraîner ou d'accentuer des problèmes d'isolement social, de décrochage scolaire, voire

---

Tufts (Massachusetts) et auteure de *Proust et le Calamar* (traduit en français aux Éditions Abeille et Castor), qui s'intéresse à l'influence du numérique sur notre façon de lire et ses conséquences sur le fonctionnement du cerveau.

des troubles tels que l'anxiété ou la dépression. À l'extrême, il y a l'exemple des *hikikomori*, ces jeunes japonais qui vivent reclus, isolés, incapables de sortir de chez eux parfois des mois ou des années durant.

Cette dépendance accrue au cours de l'adolescence est de mieux en mieux comprise. Les circuits neuronaux liés à la régulation des émotions sont alors en phase de développement. Cela rend les jeunes plus réactifs aux stimuli émotionnels[1]. D'où leur quête de popularité sur les réseaux sociaux, leur dépendance aux « likes » et aux commentaires, qui sont autant de récompenses. D'où, aussi, leur propension à adopter des comportements à risques[2]. Les réseaux sociaux sont ainsi régulièrement accusés d'altérer l'estime de soi des adolescents en les poussant à se comparer aux autres. Dans certains cas, ils peuvent même être le terreau d'une forme de cyberharcèlement avec des

---

1. Cécile D. Ladouceur, « L'influence de la puberté sur les circuits neuronaux sous-tendant la régulation des émotions : implications pour la compréhension des risques de troubles affectifs », *Santé mentale au Québec*, vol. 41, n° 1, 2016, p. 35-64. Cette étude est citée dans un rapport du Haut Conseil de la santé publique (2020) présentant les effets tant positifs que négatifs de l'usage des écrans chez les enfants et les jeunes.

2. Jacqueline Nesi et *al.*, « Transformation of Adolescent Peer Relations in the Social Media Context », *Clinical Child and Family Psychology Review*, 21(3), 2018, p. 267-294. Étude également citée dans le rapport du Haut Conseil de la santé publique.

conséquences tragiques, comme l'a illustré le suicide d'une collégienne de 13 ans en mai 2023, provoquant comme à chaque fois un choc dans le pays[1]. Difficile, en l'absence de statistiques officielles, de connaître l'ampleur exacte des suicides liés à ce type de violence en ligne. Ces drames reviennent régulièrement, de manière sinistre, dans l'actualité. Selon une mission d'information du Sénat, 6 à 10 % des élèves subiraient une forme de harcèlement et 800 000 à un million d'enfants en seraient victimes chaque année[2]. Un quart des collégiens - principalement des jeunes filles - auraient été victimes d'un cyberharcèlement qui stigmatise les différences, quand il ne prend pas la forme du *revenge porn*, précise encore ce rapport.

Certains chercheurs pondèrent les effets néfastes du numérique et même des jeux vidéo[3]. Ils mettent en évidence l'importance du contexte, de l'accompagnement familial, de multiples facteurs qui peuvent

1. Sylvie Lecherbonnier, « Harcèlement scolaire : le suicide de Lindsay interroge l'action de l'Éducation nationale », *Le Monde*, 2 juin 2023.
2. Rapport d'information n° 893 publié en septembre 2021.
3. Victor Garcia et Thomas Mahler, « Enfants et écrans : "Les médias sont alarmistes, les études scientifiques beaucoup moins" », interview des chercheuses Anne Cordier et Séverine Erhel, *L'Express*, 15 juin 2023.

rendre l'expérience positive. Mais même sans être inutilement alarmistes, à l'heure où nous prenons conscience de l'importance de ne pas négliger la santé mentale, celle de nos enfants le mérite plus encore. Face à ces risques psychosociaux, de plus en plus de médecins, d'enseignants et de chercheurs interpellent les pouvoirs publics. Dans une tribune récente, plusieurs d'entre eux font part de leur préoccupation quant à la place croissante prise par les écrans dans la vie des moins de 18 ans, alors que les dangers pour la santé physique et mentale sont de mieux en mieux connus[1].

Un cri dans le désert ? La course aux écrans semble, pour l'heure, irrépressible.

Dans un essai percutant, Bruno Patino, président d'Arte, a dépeint avec justesse cette « civilisation du poisson rouge », comme il l'appelle avec humour et lucidité[2]. Une référence aux calculs menés par les ingénieurs de Google pour déterminer la durée maximale d'attention d'un poisson dans son bocal : huit secondes. Ces mêmes ingénieurs estiment que la durée d'attention des « milléniaux » – personnes

1. Collectif, « Les lois concernant les temps d'exposition aux écrans devraient viser l'ensemble des mineurs », *Le Monde*, 2 avril 2023.

2. *La Civilisation du poisson rouge*, Grasset, 2019.

nées entre le début des années 1980 et la fin des années 1990, ayant grandi avec les écrans connectés - plafonne à neuf secondes. « Nos rêves numériques se brisent sur cette durée dérisoire, résume Bruno Patino. L'infini nous était promis. Il était entendu que le cyberespace ne connaîtrait de limite que celle du génie humain. Au lieu de quoi, nous sommes devenus des poissons rouges, enfermés dans le bocal de nos écrans, soumis au manège de nos alertes et de nos messages instantanés. » Un monde soudain rapetissé alors que le numérique nous promettait de l'agrandir.

Dans ce contexte, que nous réserve la révolution en cours de l'intelligence artificielle générative ? Rien ne semble en mesure d'endiguer la crise de l'attention. À moins que l'on ne décide collectivement de réagir.

L'écoute, un jeu d'enfant

Tout juste nommée présidente de Radio France en 2018, je lançais avec ma consœur de France Télévisions, Delphine Ernotte-Cunci, une grande consultation pour sonder les attentes des Français envers leurs médias de service public. La première chose qui m'a frappée, c'est la demande des familles d'avoir accès à des contenus audio de qualité pour leurs enfants. À la même époque, à Radio France, un père de famille venait justement de travailler sur une proposition de podcast destiné à la jeunesse. Il voulait avoir des histoires à faire écouter à ses jeunes enfants pendant les trajets en voiture. Il avait eu la juste intuition. Nos premiers podcasts enfants sont nés dans la foulée.

La pandémie de Covid-19 a été un révélateur et un accélérateur. Confinés en famille, tenus de continuer à travailler tout en s'occupant de leurs enfants, les parents ont eu – des semaines durant – à rythmer la journée de leurs enfants avec des activités autonomes. Ce qui était possible à petite dose n'était plus sain à haute dose, beaucoup se sont alors mis à chercher une alternative au tout-écran. Nous avons vu exploser les écoutes de podcasts jeunesse sur notre application en quelques semaines. La confiance de nos auditeurs est profonde, ils étaient prêts à nous confier les oreilles de leurs enfants.

Il ne faisait plus beaucoup de doute pour moi qu'il fallait développer de toute urgence une gamme plus large de contenus jeunesse hors écran. L'offre en France était relativement maigre. Qui était plus légitime qu'un acteur historique de l'écoute et, de surcroît, un service public pour le faire ? Puisque nous étions convaincus des bienfaits de l'écoute précoce, nous nous sommes fortement engagés pour démocratiser son usage. En moins de cinq ans, nous avons conçu et produit des milliers de podcasts pour les enfants de tous âges : des récits et des fictions, des contes musicaux, des documentaires et de l'actualité à hauteur d'enfants. La prochaine étape ? Continuer de faire connaître ce réservoir de programmes et sensibiliser parents, professeurs, professionnels de la petite enfance aux vertus de l'écoute. Face au rouleau compresseur des écrans, nous ne sommes pas au bout de l'effort.

*

Dans son ouvrage *Face à face avec son cerveau*[1], le professeur Stanislas Dehaene rappelle que la maîtrise du langage distingue spécifiquement l'espèce humaine des grands primates et que, réciproquement, « il n'existe aucun groupe humain sans langage ». La fonction du langage est centrale dans notre capacité à nous représenter le monde, à le penser et à le partager avec nos semblables.

Précisément, l'apprentissage du langage commence par l'écoute : nous savons spontanément entendre avant de parler et, bien sûr, avant de lire et écrire ; c'est par l'écoute que le cerveau de l'enfant développe d'abord sa compétence pour le langage. Dès le dernier trimestre de la grossesse, le fœtus entend, et dès les

1. Odile Jacob, 2021.

premiers mois de sa vie, le cerveau du nouveau-né s'active plus à la voix de sa mère qu'à celle d'une inconnue.

Dans un épisode du podcast « *In utero* » de France Inter, l'ethnologue Marie-Claire Busnel est revenue sur les expériences menées avec son équipe entre les années 1990 et 2000. La chercheuse a été la première à démontrer scientifiquement que le fœtus entend : « Si le bébé reconnaissait la voix de sa mère deux jours après sa naissance, c'est vraisemblablement parce qu'il l'avait déjà reconnue, et les réactions qu'il avait *in utero* devenaient logiques et valables », avait-elle confié au micro de Zoé Varier.

L'apprentissage du langage commence ainsi dès la naissance grâce aux interactions sociales, vocales et auditives de l'enfant avec son entourage, qui vont stimuler le fonctionnement des aires du langage. Les enfants qui en sont privés sont victimes de déficits qui exigeront pour les compenser toute une vie d'efforts.

*

L'écoute serait-elle la meilleure alliée des enfants ?

Dans un ouvrage coordonné par le ministère de l'Éducation nationale et de la jeunesse[1], des experts

1. *Pour préparer l'apprentissage de la lecture et de l'écriture à l'école maternelle. Un guide fondé sur l'état de la recherche*, eduscol.education.fr, février 2020.

décrivent la façon dont la voix et l'écoute contribuent au développement de la « conscience phonologique », c'est-à-dire la capacité des enfants à comprendre et à manipuler les sons de la parole : syllabes, rimes ou phonèmes (les plus petits segments phoniques). Les auteurs de ce guide préconisent des jeux d'écoute pour travailler la concentration et la mémoire auditive, des comptines et des formulettes pour jouer avec les sonorités de la langue, ou encore des jeux vocaux permettant aux enfants de faire le lien entre les sons qu'ils entendent et ceux qu'ils produisent. Tout l'enjeu est de leur apprendre à reconnaître les similitudes et les différences entre les sons, à décomposer les mots en parties sonores et à associer les sons aux lettres correspondantes. Le moment venu, ils seront mieux disposés à apprendre à lire. Des enfants ayant bénéficié d'entraînements ciblés - visant à stimuler l'écoute de mots, la décomposition des sons et la mémoire verbale - progressent de façon plus nette que les enfants des classes témoins qui n'ont pas suivi ces exercices[1].

1. Jean Écalle *et al.*, « Evidence-based Practices to Stimulate Emergent Literacy Skills in Kindergarten in France: a Large Scale Study », *Teaching and Teacher Education*, 50, août 2015, p. 102-113.

Vertus de l'écoute

Écouter et lire, même combat ? L'audio ne s'oppose pas à la lecture, bien au contraire. La science suggère même que les vertus de la lecture et de l'écoute sont très proches. Une équipe de chercheurs de l'université de Berkeley montre, en 2019, dans *The Journal of Neuroscience*[1], cartographie 3D à l'appui, que les mêmes régions sémantiques du cerveau sont stimulées, que vous lisiez un ouvrage ou que vous l'écoutiez[2].

Et l'image ? me direz-vous. Pour les scientifiques, visionner un film, lire un livre ou écouter un podcast sont trois activités qui impliquent toutes un effort de conceptualisation. Mais lors de la lecture et de l'écoute, le niveau d'abstraction requis est plus élevé que lorsque l'on regarde une vidéo. Dans un cas, nous devons nous forger une image mentale, tandis que dans l'autre, une représentation nous est proposée. Nous sommes prisonniers de l'imaginaire d'un autre. C'est une différence de taille. Il est

---

1. Fatma Deniz *et al.*, « The Representation of Semantic Information Across Human Cerebral Cortex During Listening Versus Reading Is Invariant to Stimulus Modality », *Journal of Neuroscience*, 25 septembre 2019, 39 (39), p. 7722-7736.

2. Pour les auteurs, ces résultats suggèrent que la représentation de la sémantique du langage est indépendante de la modalité sensorielle par laquelle l'information sémantique est reçue.

d'ailleurs préoccupant d'assister à un recul de la lecture chez les personnes ayant entre quinze et vingt-cinq ans, révélé par une récente étude du Centre national du livre : un jeune sur cinq affirme ne pas lire du tout[1]. Au-delà de la beauté des mots, dans la lecture se joue bien plus. En favorisant l'abstraction, la lecture et l'écoute nous encouragent à développer notre pensée critique, notre raisonnement logique et notre capacité à réfléchir de manière plus profonde et nuancée. N'est-ce pas là un remède aux réactions pulsionnelles dont se nourrit la société du défouloir ?

Jamais trop tard pour écouter

Paradoxalement, à l'heure où l'image triomphe sur les écrans, la soif d'écoute reste vivace, voire s'accroît. Au-delà de la radio toujours très écoutée en France, on assiste à un boom des podcasts, à l'essor des objets connectés *via* la voix, à l'adoption de la pratique des audiobooks, ou à la recherche d'expériences en son immersif. Mon prédécesseur,

1. Selon une étude réalisée par l'institut Ipsos pour le Centre national du livre en janvier 2023, 86 % des Français se déclarent « spontanément lecteurs », mais le « décrochage chez les 15-25 ans s'accentue ».

Mathieu Gallet, écrivait en 2020 que la voix est investie d'un « nouveau pouvoir » à l'ère numérique[1]. Après l'ère de l'écrit et du tactile, le numérique accorde en effet de plus en plus de place à la voix.

J'y vois aussi le pouvoir retrouvé de l'écoute.

Sans doute, prosaïquement, parce qu'elle se prête le mieux à nos modes de vie contemporains et mobiles. On la sous-estime, mais l'une des innovations les plus décisives de ces dernières années est celle des écouteurs connectés. L'écoute en mobilité se fait désormais sans désagréments : plus de fils qui s'emmêlent, pas besoin de casques imposants, désormais les écouteurs sont greffés aux oreilles, faisant presque corps avec le nôtre. Pour les citoyens surchargés du XXIe siècle, l'écoute est un graal qui permet de faire plusieurs choses à la fois.

Le pouvoir de l'écoute réside aussi dans sa faculté unique à créer de l'intensité. Face à l'abondance des propositions et des possibles, on est en quête d'expériences intenses, uniques, de qualité. Rien de comparable à un concert en son immersif, où le son nous emporte ailleurs, à la fois dans une expérience individuelle et une communion collective. Le son nous ancre dans le moment présent.

1. Mathieu Gallet, *Le Nouveau Pouvoir de la voix*, Débats publics, 2020.

Plus fondamentalement, je fais l'hypothèse que ce regain d'écoute répond à une profonde soif de sens. Nous avons besoin de développer notre imaginaire et d'aiguiser notre réflexion, sans systématiquement nous reposer sur des images préexistantes. L'audio nous permet d'être les cocréateurs de ce que nous écoutons, en mobilisant nos ressources les plus intimes.

Passionnante étude, à cet égard, que celle menée par une équipe de psychologues de l'University College de Londres[1], qui ont cherché à déterminer dans quelle mesure le support (audio ou visuel) de diffusion d'une histoire influence nos émotions. Les scientifiques ont choisi huit œuvres de fiction, dont l'adaptation du roman *Orgueil et Préjugé*, le thriller *Le Silence des agneaux* et un passage de la série *Game of thrones*. Si les participants se déclarent davantage impliqués en regardant une vidéo plutôt qu'en écoutant les scènes en version audio, des réponses physiologiques plus fortes ont été enregistrées lors des phases d'écoute. Les capteurs placés sur leurs poignets ont révélé des fréquences cardiaques plus élevées et plus variables, une activité électrodermale plus importante, et même des températures

1. Daniel C. Richardson *et al.*, « Engagement in video and audio narratives: contrasting self-report and physiological measures », *Scientific Reports* 10, 11298, juillet 2020.

corporelles plus prononcées. Les chercheurs interprètent ces résultats comme le signe que les histoires sont probablement plus engageantes d'un point de vue cognitif et émotionnel sous forme auditive. Pour eux, « cela peut s'expliquer par le fait que l'écoute d'une histoire, plutôt que le visionnage d'une vidéo, est un processus de cocréation plus actif ».

Il n'y pas d'âge pour se laisser porter par la parole humaine. En écoutant d'autres voix, on apprend à s'écouter soi-même. Et c'est l'horizon intérieur qui s'agrandit.

De la musique avant toute chose

Ce message reçu à Radio France m'a marquée. Cet homme n'est pas un auditeur comme les autres. Après plusieurs « accidents de la vie », comme il le dit avec pudeur, il vit dans la rue. On devine entre les lignes les galères, l'épuisement physique et moral de cet homme. La tentation de tout abandonner. « Ce qui me rattache encore à l'humanité : essentiellement l'écoute quotidienne de France Musique », nous confie-t-il. Son lien avec la radio, si ténu qu'il puisse être, l'aide à tenir debout. « Ma vie continue, rythmée par vos bonnes ondes. » On imagine qu'un sans-abri a surtout besoin d'une couverture, d'un plat chaud et d'un toit. Son témoignage nous fait prendre conscience qu'il a toujours soif de beauté, d'émotion et de partage.

C'est dire si la musique nous aide à vivre, dans les bons moments comme dans la difficulté. Depuis toujours. Dans toutes les cultures, on rit, on pleure et on danse en musique. C'est universel. Écouter une symphonie, une sonate ou une chanson, c'est prendre soin de soi. Le succès constant de la Fête de la musique - sans doute l'un des événements les plus fédérateurs de France - nous rappelle aussi combien nous avons besoin, collectivement et personnellement, de musique pour vivre. « De la musique avant toute chose », disait Verlaine.

Je sais personnellement tout ce que je dois à la musique. Certaines œuvres m'accompagnent depuis si longtemps. La *Symphonie « du Nouveau Monde »*, du compositeur tchèque Antonín Dvořák, me donne de l'énergie chaque fois que je dois affronter une situation délicate. C'est comme si le souffle épique de cette symphonie agissait en moi et rendait toute chose possible. Quand j'ai besoin de calme et de repos, je réécoute pour la millième fois les *Gymnopédies* d'Erik Satie. D'une épure remarquable, ces œuvres écrites pour le piano sont pleines d'émotion et de sensibilité. Elles invitent à plonger en soi-même, pour trouver une paix intérieure.

Quand on parle de musique symphonique, d'aucuns y voient une forme de snobisme. Il est vrai que certains répertoires peuvent intimider ceux qui n'en maîtrisent pas les codes. Mais chacun peut accéder aux extraordinaires concentrés de beauté et d'intensité des grandes symphonies. Et je le souhaite à tout le monde. Baroque, romantique, impressionniste, sérielle, la musique est, comme la peinture, l'architecture et la littérature, notre patrimoine culturel commun. C'est l'une des raisons pour lesquelles je tiens à ce que des formations musicales de service public comme celles de Radio France jouent un répertoire familier, notamment des musiques de film, qui offrent une porte d'accès pour tous aux plus grandes symphonies classiques. *2001, l'Odyssée de l'espac*e s'ouvre sur un lever de soleil aligné sur la terre et sur la lune sublimé par l'introduction en crescendo du poème symphonique de Richard Strauss *Ainsi parlait Zarathoustra*. Le chef-d'œuvre de Stanley Kubrick a également fait découvrir à des générations de cinéphiles *Le Beau Danube bleu* de Johann Strauss, qui accompagne le trajet du docteur Floyd jusqu'à la station orbitale.

Car le cinéma, non content d'enchanter nos regards, est aussi une formidable boîte à musique. Le réalisateur Michael Haneke, qui se définit lui-même comme « un homme d'oreille, pas de l'œil[1] », est de ceux qui usent avec talent de la force de l'écoute pour nous émouvoir et nous faire réfléchir. Son long-métrage *Amour* conjugue avec délicatesse plages de musique et instants de silence, comme dans cette scène poignante où le professeur de musique retraité incarné par Jean-Louis Trintignant regarde sa femme, Anne – hémiplégique depuis une attaque cérébrale –, en train de jouer au piano l'*Impromptu* n° 3 de Schubert, avant d'arrêter subitement la musique ; il a tout imaginé. Michael Haneke démontre ici toute la puissance d'évocation de la musique. C'est souvent elle qui continue de résonner en nous, quand la lumière se rallume dans la salle. Sans musique, moins de saveur.

« La musique, c'est 50 % d'un film », pour le créateur de la saga *Star Wars*, George Lucas. Ce n'est pas un hasard si c'est sa société qui a développé les standards de qualité sonore (THX), incontournables pour les cinéphiles et amateurs de jeux vidéo. Ce n'est pas non plus un hasard si, soumises à la concurrence du streaming vidéo à domicile, les salles de cinéma proposent des expériences toujours plus immersives qui passent par le son. Il ne s'agit plus seulement de reproduire un décor sonore avec

1. Léopold Tobisch, « Michael Haneke, un réalisateur musical », France Musique, 10 juillet 2020.

plus de précision et d'enveloppement, mais bien d'immerger le spectateur dans un univers animé par les objets sonores qui viennent le surprendre partout autour de lui. Le cinéma n'est plus seulement une projection sur l'écran, il est une expérience.

Sans doute parce que certaines sonorités influencent profondément nos sens. Dans une série captivante, *Sur les routes de la musique,* de France Inter, le pianiste André Manoukian décrypte les rapports intimes qu'entretiennent le son et le corps. Dans l'un des épisodes, il évoque les travaux menés par l'anthropologue Donald Tuzin[1] sur les sons des rites d'une tribu de Nouvelle-Guinée, les Arapesh. Le scientifique américain s'est intéressé à deux instruments traditionnels : le rhombe, capable d'émettre simultanément des sifflements aigus et des sous-basses, et une trompe en bambou de quatre mètres de long, associée à un tambour dont la peau vibre sous l'impulsion du souffleur. Les sous-basses impressionnantes produites par cet instrument provoquent un tel état de sidération chez ceux qui les écoutent que ces sons étaient attribués dans les sociétés primitives aux esprits. Rien de magique cependant, tout est une question de fréquence. En dessous de 20 hertz, nous n'entendons rien. Nous

1. Cité par Juliette Volcler dans son ouvrage *Le Son comme arme,* La Découverte, 2011.

ressentons toutefois une pression acoustique que notre cerveau ne sait pas décrypter. Il est alerté sans savoir quoi faire. On comprend que la musique ait pu être perçue par de nombreux peuples comme un moyen de se connecter aux forces de la nature, comme une arme ou comme un remède à toutes sortes de maux.

*

On ne soupçonne pas toujours la puissance de la musique sur notre corps, l'influence souterraine qu'elle exerce à tout âge sur notre vie, bien au-delà d'une simple distraction. Remède à nos difficultés, régulateur émotionnel et psychologique, stimulant pour la réflexion, nourriture pour la mémoire... La musique agit en nous comme un activateur aux bienfaits multiples.

En jouant de la musique ensemble, chanteurs et instrumentistes ressentent des émotions profondes et développent des liens souvent très forts[1]. Simples mélomanes, nous éprouvons aussi cette connivence mystérieuse, dont l'origine a longtemps intrigué les

1. Les éléments présentés dans ces deux paragraphes ont été puisés dans un article passionnant, de Karen Schrock, « Les bienfaits de la musique », *L'Essentiel. Cerveau & Psycho*, n° 14, 15 mai 2013.

philosophes et les scientifiques. Une hypothèse récente suggère que la musique pourrait impliquer un détournement de systèmes cérébraux initialement dévolus à d'autres fonctions. Les mécanismes impliqués dans les émotions, le mouvement et le langage semblent s'entremêler pour donner vie à l'expérience musicale. Pour tenter de percer le mystère de ce langage universel, des scientifiques de l'Institut royal de technologie (KTH) de Stockholm ont demandé à des volontaires de modifier certaines caractéristiques d'une mélodie - comme le rythme, le volume ou le phrasé - pour qu'elle exprime différentes émotions (bonheur, tristesse, peur ou apaisement). Musiciens experts ou jeunes enfants, tous adoptent le même rythme pour correspondre à l'émotion attendue. En clair : la musique déclenche une réponse émotionnelle spécifique, indépendamment de la personnalité, des goûts ou de l'expérience des auditeurs.

La grâce d'une harmonie transcende les différences culturelles et touche même les non-musiciens et les nourrissons. La musique fédère : elle synchronise les affects et renforce les liens sociaux, notamment à travers le chant et la danse qui favorisent l'attachement émotionnel. Et ce n'est pas tout. Ses vertus physiologiques sont de mieux en mieux connues et décrites : la musique apaise l'esprit, module nos humeurs et peut même, dans certains cas, atténuer la douleur. Source de bien-être intime et collectif, elle n'a pas fini de nous surprendre.

Un pouvoir résolument lié au fonctionnement même du cerveau humain et à son développement dans l'enfance. L'écoute de nos morceaux préférés activerait des zones du cerveau impliquées à la fois dans la mémoire et dans le plaisir[1]. En effet, c'est parce que nous nous souvenons avoir entendu telle note que nous nous attendons à tel accord, qui va activer dans notre cerveau les circuits du plaisir et de la satisfaction. Les guitaristes le savent : un solo est une tension qui appelle une résolution. C'est par ce mécanisme qu'écouter de la musique, notamment des morceaux familiers, développerait dès le plus jeune âge notre goût pour la concentration, l'anticipation et l'effort.

Dans son ouvrage consacré aux pouvoirs de la musique sur le cerveau[2], le neurologue et neurophysiologiste Pierre Lemarquis décrypte notamment le cas de la chanteuse américaine Billie Eilish, icône de la génération Z au succès planétaire. Il montre comment cette artiste est parvenue à surmonter ses

1. Stefan Koelsh *et al.*, « Investigating emotion with music: An fMRI study », *Hum Brain Mapping*, 27(3), mars 2006, p. 239-250. Article cité par Pierre Lemarquis *in Les Pouvoirs de la musique sur le cerveau des enfants et des adultes*, Odile Jacob, 2021.

2. Pierre Lemarquis, *op. cit.*

problèmes psychologiques grâce à sa passion musicale, « celle-ci ayant constitué une thérapeutique et un tuteur de résilience », selon les mots du spécialiste. Atteinte du syndrome de Gilles de la Tourette - caractérisé par des tics involontaires - et souffrant d'anxiété, la jeune femme semble avoir trouvé dans la musique un levier pour apprivoiser ses fragilités.

Certes, tout le monde n'est pas Billie Eilish. Mais si une demi-heure d'écoute par jour suffisait à activer chez chacun une force porteuse, transformatrice voire émancipatrice, pourquoi s'en priver ?

Le nouveau leadership par l'écoute

Les temps changent.

Les leaders de demain sont-ils les mêmes que ceux d'hier ? Dans *De la performance à l'excellence. Devenir une entreprise leader*[1], Jim Collins redessine le rôle des chefs. Il se fonde sur des travaux de recherche menés pendant cinq ans sur près de 1500 entreprises, qui démontrent que les dirigeants dont les entreprises surperforment et, qui plus est, dans la durée, n'ont pas le profil psychologique attendu : celui du leader charismatique, à la personnalité

1. Pearson, 2013.

écrasante, omniscient, égocentrique, parfois brutal. Au contraire, son portrait-robot serait caractérisé par « une extrême humilité sur le plan personnel et une intense volonté sur le plan professionnel ».

Son ambition est centrée sur les objectifs de l'entreprise et non sur son épanouissement personnel. Il se concentre sur la réussite collective plutôt que sur la sienne. Pour cela, le leader de demain est tout sauf solitaire. Il veille à s'entourer de collaborateurs de qualité avant de définir la bonne stratégie avec eux. Comme Jim Collins, je pense qu'il faut constituer autour de soi la meilleure équipe, composée de partenaires puissants et égaux entre eux, et s'attacher à créer l'alchimie qui permettra de travailler ensemble en confiance pour bâtir les meilleures réponses. Ce modèle me paraît beaucoup plus efficace et durable que celui dit des « généraux faibles », qui attendent que le chef dominateur leur indique la direction à suivre.

Selon la formule de Tom Peters[1] : « Les leaders ne créent pas des suiveurs, ils créent plus de leaders. »

Si l'entreprise est dépendante d'un individu, alors elle peut sombrer quand il ou elle disparaît. Pour définir un modèle pérenne et une stratégie vraiment réfléchie, l'essentiel, dit Collins, est de « créer un

1. Coauteur avec Robert H. Waterman du best seller *Le Prix de l'excellence*, Dunod, 2012.

climat d'écoute où la vérité est entendue et les faits affrontés. Il y a une différence considérable entre la possibilité de parler et celle d'être entendue ».

Comment créer ce climat d'écoute ? Il faut diriger avec des questions, pas avec des réponses, ce qui fait du dirigeant davantage un modérateur socratique qu'un chef suprême doté d'intuitions messianiques. La capacité à entraîner les autres sans contrainte est la mère des compétences chez toute personne qui exerce aujourd'hui des responsabilités. En ce sens, le leadership s'accommode mal de l'autoritarisme et de la crainte qu'il inspire.

Il faut dépoussiérer cette image du chef élevé au rang de leader charismatique, dont le culte nous renvoie à la vénération des héros et des saints. Elle est intimidante. Qu'on ne me dise pas qu'elle ne joue aucun rôle dans l'autocensure que beaucoup trop de femmes s'appliquent aux portes des plus hautes responsabilités ! Tant que les attributs du pouvoir, dans notre inconscient collectif, seront l'héritage de tels présupposés, les femmes comme les hommes s'interdiront d'inventer des formes nouvelles de leadership.

Je considère pour ma part que l'écoute est un marqueur - encore trop rare - de leadership. L'écoute a une vertu absolument primordiale à mes yeux pour la santé de notre société : elle est à la portée de tous. L'écoute n'est pas un talent inné, réservé à quelques-uns ; c'est un savoir-faire et un savoir-être qui s'apprennent et peuvent être développés par tous et à tout âge. L'écoute est républicaine.

En pratique, comment écouter ? Voici, tirées de mes expériences et de mes échanges, quelques règles que je m'efforce d'appliquer.

Au calme et sans « notifs »

Ceux qui me côtoient au travail le savent : j'accorde beaucoup d'importance à l'écoute mutuelle. C'est important pour la qualité des relations humaines, c'est aussi une compétence professionnelle inestimable. Elle rend plus efficace. Elle rend plus créatif. L'écoute n'est jamais une perte de temps.

Or on n'écoute pas bien quand un écran se dresse entre l'orateur et nous. Physiquement présents, mais la tête ailleurs : nous connaissons tous ce syndrome très contemporain. Les écrans nous éloignent, même quand nous nous trouvons autour de la même table. Ce n'est pas pour rien qu'on dit « faire écran », pour désigner quelque chose qui nous empêche de voir ou de comprendre !

Pire, l'orateur s'exprime moins bien quand il est concurrencé par nos smartphones et tablettes. Lorsque des personnes se trouvent devant un auditoire attentif, elles se sentent plus conscientes d'elles-mêmes, engagées par l'attention qu'on leur porte[1]. À l'inverse, les personnes confrontées à des interlocuteurs visiblement distraits ont tendance à être davantage sur la défensive et à prendre l'inattention de l'auditoire pour une marque de désintérêt. Prêter honnêtement attention favorise donc une posture d'ouverture mutuelle et de recherche de terrains d'entente.

Mais voilà, l'écran s'allume tout seul, au rythme des notifications. Exposé à ce stimulus, notre regard est inévitablement attiré et notre attention immédiatement altérée. Ces quelques secondes perdues, encore et encore, nous mettent à distance du moment, et on n'est bientôt plus partie prenante de l'échange collectif. Cela peut me conduire à imposer, dans certaines réunions stratégiques, que l'on coupe ordinateurs et portables, ce qui est devenu difficile pour chacun d'entre nous, et tout particulièrement dans des médias qui fonctionnent au rythme de l'actualité.

Je crois profondément qu'écouter et entendre ne signifient pas la même chose. Cela fait écho à un débat que nous avons eu ces derniers mois dans le secteur des médias à propos de la manière de mesurer

1. *Cf.* Guy Itzchakov et Abraham N. Kluger, « Les freins à l'écoute », *Harvard Business Review*, hors-série, mai-juin 2023.

nos audiences. Deux techniques existent. L'une est déclarative, avec le risque que l'auditeur sur-déclare ou sous-déclare son écoute réelle, un peu comme peuvent l'être les sondages à la sortie des urnes. L'autre mesure est automatique, elle capte le son ambiant. Elle a l'apparence de la scientificité, mais elle a une limite majeure : elle ne fait pas la différence entre une écoute choisie et une écoute subie. La radio entendue malgré vous dans le taxi ou au supermarché est mesurée de la même manière que le programme que vous avez décidé d'écouter. Inutile de polémiquer, les deux mesures sont utiles et complémentaires. Mais une écoute attentive et une écoute distraite ne sauraient être mises sur un pied d'égalité.

En toute conscience et en toute confiance

On a rarement conscience de la peur que l'on inspire aux autres. Dès que l'on est investi d'une responsabilité, et quelles que soient ses bonnes intentions, l'asymétrie de pouvoir crée une autocensure, consciente ou inconsciente. Pour que la conversation soit fructueuse et échappe à ces biais, les auteurs de l'ouvrage *Speak up*[1] livrent trois conseils. D'abord,

1. Megan Reitz et John Higgins, *Speak Up: Say what needs to be said and hear what needs to be heard*, FT Publishing International, 2019.

reconnaître son propre pouvoir et l'inquiétude qu'il peut générer ; ensuite, avoir conscience que l'on a tendance à accorder plus de poids à la parole de certaines personnes qu'à d'autres, et veiller à corriger ce biais ; enfin, prêter attention aux signaux verbaux et non verbaux que l'on envoie et qui peuvent être perçus comme des incitations à se taire. Pour que la parole soit libre et confiante, il faut que la posture d'écoute soit sincère et bienveillante.

Comment ne pas penser aux révélations qui se sont succédé après #MeToo ? Du sport jusqu'à l'Église, tous les environnements sont concernés. Les agressions sexuelles, les discriminations et les situations de harcèlement seraient-elles plus nombreuses aujourd'hui qu'hier ? Certainement pas. Ce qui a changé, c'est l'écoute. Quand la société tend l'oreille, les victimes parlent. Certes, la révélation de ces scandales est toujours un moment éprouvant, en premier lieu pour les victimes, mais ce sont les organisations qui n'ont pas encore connu les leurs qui devraient s'inquiéter ; cela peut vouloir dire que la libération de la parole ne s'est, chez elles, pas encore produite.

C'est aux responsables qu'il incombe de libérer la parole, pas aux victimes.

C'est vrai dans toutes les circonstances, les plus graves mais aussi les plus quotidiennes. Je me souviendrai toujours de mes premières années comme conseillère à la présidence de la République, dans l'équipe de Raymond Soubie. Ce grand spécialiste des questions sociales a prouvé son talent à maintenir inlassablement l'écoute et le dialogue, même dans les circonstances les plus tendues, avec des leaders syndicaux au verbe haut tels que Bernard Thibault ou Jean-Claude Mailly. Mais ce qui m'a surtout marquée, c'est la manière dont Raymond Soubie travaillait avec ses équipes.

Pendant les réunions, il était toujours le dernier à exprimer son opinion et invitait d'abord chacune et chacun à prendre la parole, quelle que soit son ancienneté ou sa position hiérarchique. Pour la conseillère débutante que j'étais, savoir que j'aurais - à chaque réunion - l'occasion de m'exprimer était à la fois un défi et une opportunité formidable. Ce signe de considération était une motivation puissante pour mériter la confiance qui m'était témoignée.

C'est une leçon que j'ai apprise très tôt et que je n'ai jamais oubliée.

Comme un trampoline

Écouter, c'est d'abord se taire et c'est bien plus que se taire.

Joseph Folkman et Jack Zengler[1] ont cette jolie formule : « Écouter comme un trampoline ». Cela consiste, quand l'autre émet une idée, à la faire rebondir, lui donner de l'énergie, de l'accélération, de la hauteur. Une personne qui écoute comme un trampoline ne donne pas son avis. Elle nous aide à clarifier notre propre pensée, à l'emmener plus loin, et nous repartons de la conversation plus fort. C'est entre autres pour cela que je ne suis pas partisane des managements solitaires : tout le monde a besoin d'un *sparring-partner*.

Je crois que les plus belles idées que j'ai mises en œuvre ont jailli de discussions créatives avec des membres de mon équipe. Le changement de nom de la Maison de la Radio… et de la Musique ; l'ouverture d'une académie d'été de jeunes journalistes pour diversifier le profil de nos prochaines recrues ; le grand tour de l'Orchestre national de France dans les régions pour amener la musique classique aux Français sans attendre qu'ils viennent à nous ; un concours de podcasts, décision prise dans le joyeux chahut d'un retour de déplacement en car où les idées rebondissaient du dernier au premier rang ; le tournant écologique de Radio France, où les échanges

1. Joseph Folkman et Jack Zenger, « Ce que font vraiment les gens à l'écoute », *Harvard Business Review*, hors-série, mai-juin 2023.

entre nous ont eu pour effet de relever le niveau d'exigence et d'aboutir à un manifeste puissant et des engagements précurseurs... Les souvenirs de ces moments collectifs où soudain a jailli l'idée, sans que personne ne sache vraiment en fin de compte qui en a la paternité, sont forts et durables.

*

Échanger comme un trampoline, c'est aussi la différence entre un entretien d'embauche raté et un entretien réussi. Après quelques années où il m'a été donné de recevoir beaucoup de candidats, je peux dire qu'il existe deux types de profils. Ceux qui répondent aux questions et cherchent à rassurer sur le fait qu'ils détiennent les compétences requises. Et les autres, ceux qui parviennent à faire dévier l'exercice pour l'amener vers une véritable discussion. Ils écoutent, rebondissent, posent des questions, n'ont pas peur de suivre l'échange en terrain inconnu.

Après les premiers, on continue généralement notre journée sans y repenser, il n'est pas exclu qu'on engage la personne *in fine* si elle répond à nos besoins. Après les seconds en revanche, ce qui était un temps initialement donné au candidat devient un temps utile au dirigeant. Il nous arrive d'y repenser le reste de la journée et, qu'un poste soit disponible ou non, que le candidat coche toutes les cases théoriquement requises ou non, il se pourrait bien que l'on se mette en quatre pour lui faire une place dans notre organisation.

Bien sûr, c'est une question d'expérience. Avec l'âge, chacun adopte une posture plus mûre dans ce type d'exercice. Mais c'est aussi une question sociale. Il me semble que c'est un conseil important à donner aux enfants qui n'ont pas reçu en héritage tous les codes de la réussite. Un des points discriminants que j'ai pu identifier, c'est l'aspect « bon élève » des jeunes qui, venant de banlieue, de province ou d'ailleurs, osent pousser les portes les plus ornées. Aux oraux d'accès aux grandes écoles, par exemple. On les entend valoriser ce que l'école pourrait leur apporter et s'engager à être à la hauteur de la chance qui leur serait donnée. Or j'ai observé que ceux qui réussissent le mieux ces examens de passage sont ceux qui, à l'inverse, parlent de ce qu'ils pourraient apporter, eux ; ceux qui défendent un point de vue sur le monde, ceux qui parlent plus qu'ils n'écoutent. Tant pis pour l'humilité : mieux vaut avoir tort qu'être scolaire ! Surtout lorsque c'est affirmé avec force, puisque c'est - encore - cela que l'on attend d'un futur leader.

Des tribuns de la Rome antique aux dirigeants d'aujourd'hui, les leaders sont depuis longtemps perçus comme des orateurs, capables d'imposer leur vision du monde par la seule force de leur discours. C'est dans la parole que l'homme ordinaire accède à un destin extraordinaire, comme Tom Hooper le met en images, avec élégance et humanité, dans *Le Discours d'un roi* (2010), où un prince bègue est appelé à devenir roi d'Angleterre.

Pour l'avoir personnellement éprouvé, je pense qu'il est de notre responsabilité de chercher à entendre aussi ceux qui ont du talent mais qui n'ont pas encore appris ou n'osent pas l'exprimer. J'ai pu observer combien ce schéma est à l'œuvre dans le déséquilibre que l'on constate encore à bien des endroits au détriment des femmes. Surtout dans les disciplines qui laissent une grande place à la subjectivité ; les espaces régis par des balises scientifiques comptent d'ailleurs plus de « transfuges de classe ».

Écouter comme un trampoline exige de chaque interlocuteur qu'il reconnaisse à l'autre le statut, si ce n'est d'égal, du moins de véritable partie prenante. Au supérieur, au manager de donner le ton.

Même dans les organisations les plus hiérarchisées.

Orchestrer la contestation

Dans une conférence récente[1], le général François Lecointre – chef d'état major des armées de 2017 à 2021, qui a notamment mené l'opération Barkhane au Sahel – a partagé sa vision selon laquelle l'exercice de l'autorité dans les armées ne fonctionne pas sur le principe de l'obéissance aveugle, contrairement aux idées reçues. Elle laisserait au contraire la place à la contestation et irait même jusqu'à l'organiser. Cela m'a intriguée tant cela semble contre-intuitif. Le processus est le suivant : l'officier propose un brouillon d'ordre présentant les motifs et les objectifs, et il engage ses subordonnés à faire des contre-propositions pour l'améliorer. C'est parce que cette possibilité de contestation constructive existe que grandit la confiance dans la légitimité du commandement reçu et la capacité à l'exécuter efficacement, y compris en risquant sa vie. Il cite Plutarque – encore lui ! –, qui conseillait aux généraux d'avoir « une conversation familière avec leurs soldats ». Est-ce là ce qui lui permet d'être, pour l'extérieur, « la grande muette », silencieuse par loyauté ?

1. Le général Lecointre, les Mardis de l'Essec, 30 novembre 2021 ; https://tinyurl.com/36dmjyjx

Ce témoignage dit une chose capitale : l'écoute n'a rien à voir avec un affaiblissement de l'autorité. Nous ne sommes pas - dans l'armée *a fortiori* - dans un plaidoyer pour l'autogestion. Au contraire, l'autorité est renforcée par l'écoute, elle en est légitimée. La décision, parce qu'elle a été prise après une phase de dialogue, bénéficie d'une solidité bien plus grande. C'est dans ces conditions que l'on peut avoir un front uni. Peu nombreux sont ceux qui s'offusquent durablement d'une décision qu'ils ne partagent pas, nombreux sont ceux qui s'émeuvent de processus qui ne leur donnent aucune espèce d'espace pour faire entendre leur voix.

C'est notre vision de l'autorité - souvent associée aux codes de la virilité - qu'il faut mettre à jour. On a tous le souvenir d'un professeur qui a marqué notre scolarité. Il s'agit rarement du plus permissif. Souvent, c'est celui ou celle qui conjuguait le mieux l'autorité et l'exigence avec l'explication et l'écoute. Pour moi, ce fut mon maître de CM1, à Dijon. Je lui dois de m'avoir poussée à me dépasser. Pourquoi cette conception de l'autorité n'est-elle pas celle qui s'est partout imposée ? Une autorité sans complaisance, mais généreuse et magnanime ; une autorité sans arbitraire, acceptée car elle est juste et qu'elle se fonde sur des règles connues et partagées.

*

Il me semble que cela requiert de la méthode, en particulier en période de crise. Il m'a été donné d'en connaître quelques-unes, dans lesquelles l'importance d'une méthode de décision claire m'est apparue vitale.

Lorsque je suis arrivée à Radio France, une maison avec une culture de la conflictualité ancienne, le préavis de grève était employé comme un mode de négociation par les organisations syndicales, jusqu'à en déposer plusieurs par mois. J'ai très vite voulu faire part de ma méthode aux partenaires sociaux : on ne négocie pas sous préavis. Contrairement à l'image d'Épinal, je crois profondément que le dialogue social constructif ne peut naître que de l'écoute mutuelle et non du rapport de force. Plusieurs années plus tard, le quotidien de Radio France est bien moins marqué par la conflictualité, et des accords sociaux sont régulièrement signés.

Sous mon premier mandat de P.-D.G. de Radio France, j'ai aussi eu à gérer des signalements de comportements déplacés, parfois abusifs, à caractère sexuel ou moral. Plus la question est sensible, et c'est le cas ici, plus la clarté de la méthode est cruciale. D'abord, créer les conditions de la libération de la parole : avec mes équipes, nous avons mis sur pied un dispositif protecteur des victimes et des témoins, ainsi que de multiples manières de se faire entendre. Ensuite, objectiver les situations : donner du crédit à la parole de ses collaborateurs est un principe, vérifier et objectiver les faits dénoncés en est un deuxième tout aussi important. Cela passe par une période d'écoute et de diagnostic, en faisant appel à un tiers de confiance lorsque c'est nécessaire. Prendre le temps de regarder les situations avec sang-froid est nécessaire, car il ne suffit pas de recueillir la parole, il faut se donner les moyens de changer les choses. Alors seulement vient sereinement le temps de la décision et de l'action. Ces dernières années, j'ai eu à prendre des décisions lourdes : j'ai sanctionné en mon âme et conscience, mais aussi dédouané des personnes indûment ciblées. En la matière, l'erreur est toujours possible, mais c'est le respect de ces différentes étapes qui fait que ma main ne tremble pas au moment d'agir. C'est aussi le respect de cette méthode - bienveillante, équitable mais aussi lucide - qui génère l'acceptabilité de la décision.

*

L'intervention du général François Lecointre m'a aussi rappelé mes années au Conseil d'État. Dans cette haute juridiction, les réunions d'instruction d'un contentieux commencent par la lecture à haute voix de la note du rapporteur, puis de celle du réviseur et, enfin, de la décision qui est ensuite soumise au délibéré. Une méthode qui associe l'écrit, la parole incarnée et la délibération orale. Elle garantit une confrontation constructive de points de vue et une décision collégiale respectée de tous, quand bien même elle ne faisait pas initialement l'unanimité.

On a beaucoup à gagner à laisser s'exprimer la diversité des opinions, même - voire surtout - la critique. On évite les non-dits, on se prémunit contre le consensus autour d'une pensée unique et contre l'arrogance d'une organisation qui ne se remet plus en question, on se crée des anticorps contre le poison lent, mais mortel, de la déconnexion et de l'autosatisfaction. Plus l'environnement devient complexe et imprévisible, plus le dirigeant a besoin d'écouter les signaux faibles que peuvent lui remonter les esprits les plus agiles et intuitifs.

Dans mes précédentes fonctions à l'Assistance publique - Hôpitaux de Paris (AP-HP) en 2010 -, j'ai tenu lors de la constitution de mon équipe à avoir des représentants des professionnels paramédicaux, notamment des infirmiers, dans mon équipe rapprochée. On les écoutait jusqu'alors relativement peu, à l'exception des enceintes du dialogue social. J'avais en charge la transformation de nos hôpitaux, il me semblait naturel d'écouter toutes les catégories de salariés concernés pour prendre les bonnes décisions.

Pour que l'on nous parle, il faut lever la peur. « Ne tuez pas le messager[1] », c'est vieux comme le monde ! La vérité ne peut être retenue contre celui qui a le courage de la dire. Pourtant, regardez autour de vous, il n'est pas si courant que les dirigeants aient dans leur entourage une personne, encore moins plusieurs, qui les bousculent. Et quand, à l'inverse, c'est le cas, il n'est pas rare que ce collaborateur finisse par devenir sa personne de confiance. Avoir quelqu'un qui vous dit la vérité, quitte à prendre le risque de déplaire, est inestimable.

L'écoute est aussi une question de timing. Dans chaque moment d'échange, je veille, autant que possible, à recueillir les avis et les objections avant d'exprimer mon opinion. Chaque fois, sans exception, cela me permet de bénéficier d'observations ou d'idées dont j'aurais été évidemment privées si j'avais parlé en premier. L'exercice n'est pas simple, il faut savoir choisir le moment où exposer sa vision : trop tôt, on tue la discussion ; trop tard, on suscite des inquiétudes sur la solidité du cap.

1. Chez Sophocle, chez Shakespeare et bien d'autres.

C'est une véritable ligne de crête. À la tête d'un collectif de 4 500 personnes, je dois à la fois porter des convictions sur l'avenir du secteur de la radio, tenir fermement le cap des décisions dans les tempêtes, insuffler de l'énergie à tous les niveaux, tout en sachant écouter ceux qui ne pensent pas comme moi, accueillir mes doutes, corriger des erreurs avant qu'il ne soit trop tard.

Dans cette horlogerie fine réside notre capacité à ne pas tomber dans l'un des pièges les plus banals des fonctions de pouvoir : l'isolement et l'enfermement dans des certitudes que plus personne n'ose contredire. C'est capital aussi parce que c'est là que se joue, non pas la décision, mais l'adhésion. Or c'est dans l'adhésion que naissent les plus belles aventures collectives.

Comme l'écrit Auguste Detœuf, grand patron atypique, dans *Propos de O. L. Barenton, confiseur*, une référence pour toutes les générations de polytechniciens depuis sa parution en 1937[1] : « On est sûr qu'une maison marche bien du jour où chacun de ceux qui y sont employés raconte à ses amis que c'est lui qui la fait marcher. »

*

1. Éditions du Tambourinaire.

Quand je me retourne sur ces six dernières années, j'identifie un choix qui a été décisif, sans doute le plus stratégique de tous. J'ai dû trancher très tôt, quelques mois après ma prise de fonction, et dans un contexte où les vents du moment me poussaient clairement dans une autre direction. À l'époque, le rapprochement entre la radio et la télévision avait le vent en poupe. On considérait que, dans le monde numérique, la masse est une force, ce qui est une réalité que nous avons choisi de mettre au service de l'information avec franceinfo et, bientôt, à celui de la proximité avec les coopérations entre les réseaux de France Bleu et France 3. Nous avions aussi installé des caméras dans certains studios pour pouvoir diffuser des extraits de nos programmes sur les réseaux sociaux : c'était une nécessité pour les faire connaître à des publics qui ne nous écoutaient pas encore, notamment les jeunes. Certains de nos homologues étrangers créaient des plateformes de distribution communes radio-télé. C'était sous-tendu par un argument économique : mutualiser les investissements numériques pour que des acteurs de l'audiovisuel public puissent tenter de soutenir la comparaison avec des géants internationaux aux moyens qui n'ont rien de comparable. Tout cela était vrai.

Pourtant, j'avais l'intuition que, si nous ne nous battions pas aussi pour l'audio, personne ne le ferait. Et surtout, qu'il s'agissait là d'un combat d'intérêt public. Le plaidoyer pour l'écoute que vous avez entre les mains vous en livre de nombreuses raisons. Je présidais à l'époque l'association Les Médias francophones publics (MFP), et rencontrais régulièrement mes homologues européens. J'observais que l'audio était rarement la priorité des investissements et des efforts de diffusion et de promotion. Cela n'avait rien d'étonnant à l'ère des images. Était-ce souhaitable pour autant ? J'ai alors fait un pari sur l'audio, sur l'écoute comme valeur autonome et durable. J'ai fait un pari sur l'avenir : il fallait croire dans le développement de l'audio, mais il nous revenait aussi de le construire. Dans le premier projet d'entreprise que j'ai coordonné, il était écrit : « Tout faire pour l'audio. »

J'ai pu compter sur l'adhésion spontanée des salariés à cette idée. Mais comme toute grande décision stratégique, elle induisait des transformations importantes, et c'est là que je devais aller chercher l'acceptation et la mobilisation. Passer de la radio à l'audio nécessitait d'élargir notre champ d'activités au-delà du cœur de métier qui était l'antenne en direct. Désormais, les podcasts et le direct allaient coexister et s'enrichir mutuellement. Il faudrait donc organiser et financer cette nouvelle ligne de production. C'est le début d'une stratégie double : celle du flux (le direct de la radio) et du stock (les podcasts à réécouter ou à écouter dans la durée). C'est aussi le choix structurant de construire une plateforme numérique 100 % audio, pour distribuer tout ce réservoir de programmes qui grandissait chaque jour. Ce choix n'était pas naturel. En télévision, les choix sont le plus souvent guidés par les programmes : c'est ainsi que des programmes puissants ont pu passer d'une antenne à une autre, comme *Les Enfants de la télé*, d'abord sur TF1, puis sur France 2. En radio, c'est la chaîne qui est la destination. L'attachement se fait à une ligne éditoriale, au caractère d'une chaîne dont la marque est la signature. On est RTL ou on est France Inter, on se sent France Musique ou Radio Classique. Aller vers une plateforme de distribution unique pour l'ensemble des programmes produits par les antennes de Radio France n'était donc pas une évidence. Si elle ne fait plus débat aujourd'hui, c'est que nous avons, je crois, écouté, expliqué, prouvé et fait adhérer. Nous avons construit l'avenir sans nier l'identité de la maison et les réussites de ses salariés.

*

Prendre en compte ses collaborateurs dans toute décision stratégique n'est aujourd'hui plus une option. Les nouvelles générations qui arrivent dans nos organisations, nos entreprises, nos administrations, sont moins intimidées et plus exigeantes.

Elles attendent autant, voire plus, de nous qu'elles ne nous autorisent à en attendre d'elles.

C'est une leçon pour tout leader de femmes et d'hommes. Si l'on veut mener des citoyens éclairés, si l'on veut que des étincelles de génie puissent se produire, inutile de leur demander de nous suivre aveuglément. Ils veulent comprendre, s'exprimer, adhérer et agir. On le voit aussi dans l'évolution progressive des moteurs de la consommation : il ne suffit plus de proposer le meilleur produit ou d'en faire le meilleur marketing, il faut convaincre que l'on est, à tout point de vue, digne de l'adhésion du client. Cela explique d'ailleurs le rôle grandissant que la communication joue dans les grandes organisations aujourd'hui, pour convaincre le citoyen en plus de séduire le consommateur, et parce qu'il faut protéger les réputations autant que les outils de production.

La communication interne est tout aussi stratégique. À l'heure où tant d'entreprises font face à des situations de désengagement, sommes-nous sûrs que la fidélisation et l'épanouissement de nos équipes passent par le réaménagement des locaux ou la concession de jours de télétravail ? C'est quand la stratégie et les contraintes sont partagées que l'on parie sur l'intelligence et non sur le corporatisme, quand la parole est autorisée et l'écoute mutuelle, quand du respect et de la reconnaissance sont témoignés, que l'on favorise non seulement l'implication des collaborateurs, mais surtout leur créativité.

L'une des plus belles créations de Radio France est née de l'écoute de ses salariés. En 2018, nous avons lancé un concours d'innovation interne nommé « l'Accélérateur d'idées ». Dès la première édition, ce qui en est ressorti s'est révélé stratégique. Plusieurs journalistes de nos antennes s'étaient unies pour nous proposer de créer une enceinte connectée pour les enfants, un objet qui pourrait permettre à l'enfant une écoute autonome, sans avoir recours à l'écran du portable des parents, de contenus adaptés à son âge. Ce qui s'appelait alors La Chouette Radio, devenue Merlin quand nous lui avons donné vie en 2021 avec le groupe Bayard, est aujourd'hui un maillon important dans le développement de notre offre jeunesse.

*

Je crois que pour emmener un collectif avec soi, il faut le comprendre. Pour un dirigeant qui n'a ni créé l'entreprise qu'il dirige, ni franchi ses différents échelons avant de la diriger – ce qui par le jeu des nominations est très fréquent dans la sphère publique –, cela implique de se mettre tout de suite à l'écoute de la culture interne. Geert Hofstede, chercheur spécialisé en psychologie sociale, connu pour ses recherches menées sur des entreprises multinationales, le résume ainsi : « La culture est à la collectivité humaine ce que la personnalité est à l'individu[1]. » Tout collectif se forge des références partagées, des habitudes plus ou moins conscientes. En son sein, les individus agissent non seulement selon leur personnalité, mais aussi selon les codes du collectif et leur place dans celui-ci.

C'est dans les moments de crise que j'ai appris à sonder l'inconscient de Radio France. Pendant la grève de deux mois qui a agité la maison, de décembre 2019 à janvier 2020, qui avait suivi l'annonce d'économies substantielles et de départs inévitables, je suis allée à la rencontre de beaucoup de mes équipes. Dans la colère, j'ai aussi entendu la solidarité organique de cette maison, dont la forme ronde n'a rien d'anecdotique ou de fortuit, l'aspiration vitale à être utile à la société et le bouillonnement anarchique de son tempérament artistique. Les organisations ont des personnalités, et la mienne a indéniablement du caractère. On ne dirige bien que ce que l'on comprend et aime. Et encore plus dans les périodes de grandes transformations.

---

1. Daniel Bollinger et Geert Hofstede, *Les Différences culturelles dans le management. Comment chaque pays gère-t-il ses hommes ?*, Les Éditions d'Organisation, 1987.

3

Trois pistes pour revitaliser l'écoute

L'écoute nous rendrait-elle plus créatifs ?

« Rendez-nous les humains ! » L'expérimentation n'a pas manqué de faire réagir. Pendant toute une journée, l'ensemble des contenus (voix, textes et musiques) de la station Couleur 3 de la Radio télévision suisse a été produit par l'intelligence artificielle (IA), à l'exception des bulletins d'information. Les auditeurs les plus distraits – l'opération avait été annoncée à plusieurs reprises – pouvaient avoir la sensation de retrouver les animateurs habituels de la station ; sauf que leurs voix étaient clonées. « Les retours sont très nombreux, souligne Antoine Multone, chef d'antenne à Couleur 3. Les gens se disent impressionnés. Mais ils ont quasiment tous la même demande : rendez-nous les humains[1] ! »

1. rts.ch, le 27 avril 2023.

Pour l'heure, l'IA n'est pas capable de reproduire les aspérités, l'humour et la créativité d'un être de chair et de sang, au cœur de l'authenticité de la radio, de son infalsifiable beauté. Jusqu'à quand ? Face aux progrès fulgurants de l'IA générative, les plus pessimistes en sont convaincus, la créativité, mère des arts et de l'innovation, apanage de l'humain depuis les origines du monde, lui sera tôt ou tard disputée par les machines. Déjà, des morceaux entiers de musique sont générés par l'IA. La musique commerciale serait-elle en passe d'être supplantée par la musique artificielle ?

2023, année du clonage virtuel. Drake et The Weeknd au début de l'année, Oasis au printemps, Angèle cet été, plusieurs artistes ont découvert en même temps que le public leur voix sur des morceaux qu'ils n'avaient jamais interprétés. Tout est faux, tout sonne vrai. Tout est confus aussi, au point qu'Angèle, visiblement soufflée par le résultat, et malgré la peur qu'elle avait initialement exprimée – « J'ai peur pour mon métier » – a fini par interpréter, pour de vrai cette fois, la chanson qui lui avait été prêtée.

Plus perturbant encore, Paul McCartney – qu'on ne peut suspecter d'être en panne d'inspiration ! – a volontairement « généré du Beatles » : il a finalisé une chanson inédite des Fab Four en recréant la voix de John Lennon à partir d'une maquette jusqu'alors inexploitable. L'IA permet non seulement de cloner les vivants, mais aussi de ressusciter la voix de chanteurs disparus - parfois depuis très longtemps - dans des entreprises artistiques parfois hasardeuses. D'improbables reprises cumulent des centaines de milliers de vues sur YouTube : « Bad Romance » de Lady Gaga par Frank Sinatra, « Skyfall » d'Adele par Amy Winehouse... À quand « Djadja » du phénomène Aya Nakamura par Maria Callas ? La boîte de Pandore est ouverte. Et qui se soucie de ce que nos aînés en auraient pensé ?

Bienvenue à l'ère du mélomane paranoïaque. Désormais, les amateurs devront faire preuve d'une vigilance accrue : ce que j'entends est-il réel ? Y a-t-il un artiste derrière le son ? À quand une déferlante de *fake songs* après celle des *fake news* ?

Chez nombre d'artistes, l'inquiétude monte légitimement. Outre les questions liées au consentement, à la protection des droits des auteurs et des artistes-interprètes, l'essor de la création automatisée menace toute la chaîne économique du secteur musical. Certains grands acteurs ont pu réagir très vite et demander aux acteurs du streaming d'empêcher les programmes d'IA d'extraire les mélodies et les paroles de leurs créations protégées par le droit d'auteur. Mais qu'en est-il des artistes dont les voix ont été clonées et qui n'ont à ce jour pas pu s'y opposer ? Le droit va devoir rapidement s'adapter à ces nouveaux enjeux.

Musique, mais aussi films, peinture, photographie, narration... Les progrès fulgurants de l'IA pourraient bouleverser de nombreuses disciplines, jusqu'ici réservées aux plus assidus et talentueux d'entre nous. Toute une vie d'efforts est parfois nécessaire pour devenir un artiste accompli et maîtriser un archet, un pinceau ou un obturateur. Mais demain ?

« L'art est mort, mec. C'est fini. L'IA a gagné. Les humains ont perdu. » Cette déclaration tonitruante du concepteur de jeux vidéo Jason Allen au *New York Times*, en septembre 2022, reflète l'état d'esprit de nombreux artistes face à la vague de l'IA. Son fait d'armes ? Avoir remporté une compétition de peinture numérique dans le Colorado en présentant une image générée par Midjourney, un programme d'IA redoutablement efficace. Intitulée *Théâtre d'opéra spatial*, cette « œuvre » - est-ce seulement une œuvre ? - interpelle par sa grâce éthérée, entre vision futuriste et influences classiques. Pour l'obtenir, Jason Allen s'est contenté de décrire avec précision ce qu'il imaginait - un « prompt » en langage IA - et le programme lui a livré l'image en quelques secondes. Il n'a eu ensuite qu'à la retoucher sur Photoshop. Le résultat est saisissant.

Autant je redoute les manipulations de toutes sortes, les désinformations qui vont pouvoir émerger avec ces nouvelles possibilités, autant je pressens - et j'espère ! - que l'IA n'affadira pas notre créativité. Elle accompagnera au contraire le processus créatif et en décuplera les potentialités. Le génie est forcément imparfait ; il naît dans l'inattendu, il est par nature humain. Dans le monde post-IA, la créativité aura pris de la valeur.

D'autant que les périls du monde nous enjoignent à être inventifs sur les réponses à apporter. Un sondeur me disait récemment qu'à la question « ça va ? », la réponse longtemps privilégiée, « c'est difficile », avait laissé place à un désormais très répandu « c'est compliqué ». Aucun algorithme n'enseigne comment gérer un « c'est compliqué ».

*

Je me souviens du jour où l'improvisation théâtrale a fait son entrée - tardive - sous les ors de la prestigieuse Comédie-Française, portée par quelques passionnés. C'était en 2022. Cette année-là, la salle Richelieu accueille la finale nationale du Trophée d'impro Culture & Diversité. Sur scène, soixante-six collégiens venus de toute la France s'affrontent par équipes. Sans autre ressource que leur imagination et la spontanéité de leur verve, ils montrent que l'exercice de la créativité est un des bonheurs et une des surprises de l'humanité. Pour Éric Ruf, administrateur général de la Comédie-Française, l'idée aurait enchanté Molière : « S'il avait eu à choisir une représentation parmi la programmation, mon petit doigt me dit qu'il aurait choisi cette journée qui est la plus fidèle à son art et à son geste[1]. »

L'intérêt tardif porté à cette discipline, née au Québec à la fin des années 1970, interroge alors qu'elle est sans doute la forme théâtrale la plus exigeante. Le comédien invente son personnage et son texte en temps réel. À tout moment, la sortie de route est possible. Et savez-vous comment s'acquiert cette capacité à créer à la vitesse de l'éclair ? Par l'écoute, toujours elle ! Un ami passionné de théâtre m'a appris que la règle fondamentale du théâtre d'impro repose sur le « Oui, et... » C'est en écoutant la proposition du partenaire, et surtout en y acquiesçant, que l'on devient à son tour créatif.

On a souvent l'image du créateur comme un être en perpétuel dialogue avec lui-même, puisant ses trouvailles dans son propre génie. Quelle légende !

1. Nisrine Manai, « Trophée Culture et Diversité : retour sur le grand match d'improvisation des collégiens sous les ors de la Comédie-Française », franceinfo, 25 juillet 2022.

De Léonard de Vinci à Picasso, de Bach aux Beatles, et de Newton à Steve Jobs, l'histoire des sciences et des arts démontre l'exact inverse.

Et c'est vrai des plus grands. Toujours. Mozart lui-même sut s'inspirer des autres ! D'un tempérament curieux, il savait être à l'écoute des évolutions musicales et artistiques de son temps[1]. Son style ne cessa d'évoluer. Ses dernières œuvres témoignent ainsi de l'influence du mouvement artistique allemand *Sturm und Drang* (« tempête et passion »)[2]. Quant à son somptueux *Requiem* inachevé, certains musicologues y perçoivent des échos du *Requiem en do mineur* de son ami et contemporain Johann Michael Haydn[3], frère du grand Joseph, du *Messie* de Haendel, ou encore de la *Grande Messe des morts* de François-Joseph Gossec[4].

Plus près de nous, on sait aussi que John Williams, grand créateur de musiques de film, s'est inspiré de la bande originale de *Crimes sans châtiment* (1942) du compositeur autrichien Erich Wolfgang Korngold

1. Jean-Victor Hocquard, *Mozart, l'amour, la mort*, Librairie Séguier/Archimbaud, 1987.
2. Jean-Victor Hocquard, *Mozart, l'amour, la mort*, Librairie Séguier/Archimbaud, 1987.
3. *Ibid.*
4. C'est le musicologue belge Carl de Nys (1917-1996) qui a relevé la possible influence de Gossec sur Mozart.

et du *Manon Lescaut* de Puccini pour écrire le thème épique de *Star Wars*. L'univers musical du film de George Lucas doit aussi beaucoup à l'influence de Stravinsky (*Le Sacre du printemps*), de Gustav Holst (*Les Planètes*) ou encore d'Hector Berlioz (*La Symphonie fantastique*).

Ce qui est vrai des artistes l'est aussi des scientifiques. À la fin du XIXe siècle, le physicien italien Guglielmo Marconi aurait-il inventé la transmission sans fil et ouvert la voie à la radio (que nous aimons tant !) s'il n'y avait eu avant lui Heinrich Rudolf Hertz, père des ondes hertziennes, ou encore Édouard Branly, découvreur de la radioconduction ?

L'histoire humaine est une longue course de relais où chacun fait sa part. Comme l'écrivait le poète latin Lucrèce, au Ier siècle avant notre ère, « rien ne sort du néant, fût-ce même sous une main divine ». Les plus grands créateurs se sont toujours inspirés des autres. Nous sommes tous des héritiers.

Dans un bref ouvrage au titre provocateur, *Voler comme un artiste*[1], l'écrivain américain Austin Kleon s'interroge sur ce qui peut libérer notre créativité. Il rappelle une évidence un peu oubliée : l'originalité

1. Éditions de l'Homme, 2014.

pure n'existe pas. Il faut se laisser influencer, s'instruire par le travail des autres, remixer et réimaginer pour découvrir sa propre voie. Il s'en remet pour cela au précepte d'André Gide : « Toutes choses sont dites déjà ; mais comme personne n'écoute, il faut toujours recommencer[1]. » N'ayons pas peur de nous inspirer de ceux qui ont créé avant nous. « Si nous sommes libérés du fardeau d'essayer d'être complètement originaux, nous pouvons cesser d'essayer de faire quelque chose à partir de rien, et nous pouvons embrasser l'influence au lieu de la fuir », suggère Austin Kleon, qui croit à la fécondité des inspirations qui sédimentent en chacun de nous : « Vous êtes, en fait, un mélange de ce que vous choisissez de laisser entrer dans votre vie. Vous êtes la somme de vos influences. » Ne pas attendre de savoir qui l'on est pour commencer ; cultiver des activités parallèles ; apprendre à tailler dans ses idées... Des conseils bien sentis qui ne manqueront pas d'inspirer toutes celles et ceux qui souhaitent développer leur créativité.

Le poète Rainer Maria Rilke voyait dans l'écoute une façon d'ordonner le chaos et d'y trouver notre place, réconciliés avec notre nature profonde :

1. *Le Traité du Narcisse. Théorie du symbole*, 1891.

Dans la multiple rencontre
faisons à tout sa part,
afin que l'ordre se montre
parmi les propos du hasard.

Tout autour veut qu'on l'écoute, –
écoutons jusqu'au bout ;
car le verger et la route
c'est toujours nous[1] !

Quoi de mieux que l'art pour se relier aux autres et à soi-même ? L'artiste est celui qui sait écouter ses propres émotions, en résonance avec le monde qui l'entoure. Il s'appuie pour cela sur son intuition. Ce pont entre l'intériorité et l'ouverture me semble crucial dans une époque où tout nous disperse.

Et si l'inhibition pouvait nous libérer ?

C'est une des manipulations les plus scandaleuses de l'histoire de la publicité.

En 1929, George Washington Hill, président de l'American Tobacco Co., recrute Edward Bernays pour briser le tabou du tabagisme féminin. Son stratagème ? Lier la cigarette à une contestation du pouvoir masculin. Lors de la parade de Pâques à New

1. *Vergers*, NRF, 1926.

York, plusieurs jeunes femmes se mettent à fumer en public et présentent ce geste comme un acte de protestation. Les cigarettes sont même qualifiées de « flambeaux de la liberté ». La consommation de tabac devient en un instant un symbole d'émancipation. Cette manipulation a permis aux cigarettiers d'inciter les femmes à fumer autant que les hommes, et de doubler leurs ventes. Bernays, neveu de Sigmund Freud, venait de mettre en pratique les travaux de l'époque sur la psychologie sociale à des fins économiques. L'industrialisation de la manipulation de l'opinion publique était née.

Cette histoire[1] nous rappelle que chaque époque a son « île aux Plaisirs » et ses Pinocchio qui s'ignorent, vous et moi. Et qu'il y a toujours des intérêts pour exploiter nos vulnérabilités, nous promettre la liberté, pour finir par nous aliéner.

Face à ce constat, je vous livre une conviction mûrie tout au long de l'écriture de ce livre : apprendre à se contrôler, voire à penser contre soi-même, comme on l'enseigne dans les écoles de journalisme - n'est-ce pas d'ailleurs ce que tout bon enseignement nous invite à faire ? –, peut être la source de nouvelles formes de liberté. En langage scientifique, cela s'appelle « l'inhibition ».

1. Anecdote racontée par Edward Bernays dans *Propaganda. Comment manipuler l'opinion en démocratie*, La Découverte, 2007.

La philosophie nous a depuis longtemps sensibilisés aux vertus de la volonté pour tempérer nos passions. « L'obéissance à la loi qu'on s'est prescrite est liberté[1] », écrivait Jean-Jacques Rousseau au XVIIIe siècle. Ce qu'Albert Camus reformulera avec sa concision proverbiale : « Un homme, ça s'empêche[2]. » Ces mots peuvent sembler inaudibles dans un monde dominé par le primat de l'individualité, la sacralisation des émotions et le culte de la spontanéité.

Pourtant, je forme l'hypothèse que l'inhibition est un des antidotes aux maladies de l'écoute. Un nouveau chemin vers la connaissance et la liberté.

*

Olivier Houdé a été instituteur en Belgique avant de devenir chercheur. Il fait partie des experts contemporains les plus reconnus en neurosciences de l'éducation. Nous lui devons de nombreux ouvrages dont *L'Inhibition au service de l'intelligence. Penser contre soi-même*[3]. S'il ne traite pas spécifiquement de l'écoute, ce livre m'a bel et bien ouvert les yeux.

---

1. *Du Contrat social*, livre I, chap. VIII
2. *Le Premier Homme*, Gallimard, 1994.
3. PUF, 2020.

Olivier Houdé s'appuie lui-même sur des travaux de référence : ceux du psychopédagogue suisse Jean Piaget (1896-1980) et ceux du psychologue américano-israélien Daniel Kahneman, prix Nobel d'économie en 2002.

Commençons avec Jean Piaget. Il nous apprend que l'enfant acquiert petit à petit les capacités à être rationnel en devenant adulte. Autrement dit, la rationalité serait l'aboutissement du développement cognitif. Daniel Kahneman, lui, s'est intéressé à tous les biais cognitifs qui nous empêchent d'être rationnels. Il soutient que, même à l'âge adulte, coexistent deux formes de pensée, deux systèmes dans notre cerveau. Le premier, intuitif, fonctionne sur la base de nos mémoires ; ce système largement inconscient, qui nous permet de prendre des décisions très rapides, est hérité de ce lointain passé où notre survie dépendait de notre capacité à répondre rapidement aux mouvements de notre environnement. Il est à l'origine de nos élans créatifs. Le second, plus rationnel, produit des pensées réfléchies, logico-mathématiques. Il nous permet de prendre des décisions calculées. Que montre Kahneman ? Non seulement ces deux formes de pensée se côtoient, mais très souvent, les automatismes du premier système dominent les pensées réfléchies du second. Dès qu'il le peut, notre cerveau passe « en mode automatique » pour aller plus vite et consommer moins d'énergie. Pour éviter les biais cognitifs qui en découlent, nous devons apprendre à résister à nos automatismes, par la rationalité.

Olivier Houdé va plus loin : il existerait un troisième système. On ne peut pas, selon lui, attendre de la raison qu'elle régule la passion ; c'est trop lui demander ! C'est précisément là qu'intervient ce troisième système : sa compétence serait de favoriser l'inhibition au service de l'intelligence.

Résumons : dans nos cerveaux cohabitent un système heuristique, automatique et axé sur la rapidité ; un système algorithmique tourné vers la pensée logique et réfléchie ; et, entre les deux, un système d'inhibition capable d'interrompre le premier pour passer au deuxième. Pour opérer ce glissement de l'intuition à la raison, il faut donc pouvoir inhiber certaines zones de notre cerveau. Nous en faisons souvent l'expérience : si l'on souhaite se concentrer sur la personne qui nous parle, il nous faut au préalable mettre en veille notre capacité de distraction, nous couper des autres sons, ignorer les mouvements environnants. La thèse d'Olivier Houdé est que la compétence du troisième système est la mère des autres compétences, la clé du développement humain.

Son intuition change la donne. Sur le plan anatomique, le système inhibiteur est la région du cerveau qui se développe le plus lentement et le plus tardivement. C'est ce qui expliquerait qu'enfants et adolescents ont des difficultés à s'inhiber : c'est sur ce point qu'il faut travailler. Or, Olivier Houdé relève que nos nouvelles habitudes technologiques sont loin de nous y aider. Au contraire, dans le monde des écrans tout est fait pour renforcer la rapidité des réactions et stimuler nos émotions. « Face aux écrans, et du coup dans la vie, les natifs du numérique ont une sorte de TGV cérébral qui va de l'œil jusqu'au pouce sur l'écran[1]. » Pour les enfants de cette génération, le cerveau reste le même, mais les circuits utilisés changent, et cela se ferait au détriment des capacités de prise de recul et de résistance cognitive. D'où l'importance de développer ces capacités encore plus intensément pour cette génération. C'est ainsi que certaines maisons d'édition proposent désormais des sets éducatifs pour apprendre aux enfants à résister à leurs impulsions, à douter, à analyser et à trier l'information.

La thèse d'Olivier Houdé fait également écho aux intuitions de la médecin et pédagogue italienne Maria Montessori (1870-1952), dont les recherches ont inspiré des générations d'éducateurs : avant d'aider quelqu'un à apprendre, il faut

1. Rédaction, « Génération Z : le cerveau des enfants du numérique », *Sciences et Avenir*, 12 février 2015.

d'abord lui permettre de se concentrer. Autrement dit, apprendre à se modérer soi-même.

Vous avez peut-être aussi entendu parler du « test du marshmallow », du nom d'une série d'expériences menées dans les années 1970 par Walter Michel, à l'Université Stanford ? Un jeune enfant est isolé dans une pièce et installé devant une assiette contenant une friandise. On lui dit qu'il peut la manger quand il le souhaite, mais que s'il attend un quart d'heure, il en obtiendra deux. Un tiers seulement des enfants âgés de moins de six ans ont résisté à la tentation. Cette étude a mis en évidence le concept d'intelligence émotionnelle, mais aussi ses conséquences sociales, puisque recontactés dix ans après, les enfants qui avaient montré la plus grande maîtrise de soi se révélaient être ceux dont la vie était la plus satisfaisante.

Au plan cérébral, ces travaux ont confirmé le rôle du cortex préfrontal dans la régulation de nos comportements. Cette zone placée juste derrière notre front met en œuvre des tâches d'anticipation, de mémoire, de planification et de contrôle qui nous permettent d'accepter de renoncer à une jouissance immédiate dans la perspective d'une satisfaction future. Nous ne naissons pas avec cette capacité de faire des paris sur l'avenir : cette zone n'arrive à maturité qu'à l'adolescence, et dépend beaucoup de l'éducation, c'est pourquoi le pourcentage d'enfants qui « réussissent » le test augmente avec l'âge.

Développer le bon fonctionnement du cortex préfrontal s'avère critique pour tous les autres apprentissages : c'est ce qui nous permet de surmonter notre impulsivité réflexe pour nous investir dans des efforts qui nous garantiront des bénéfices futurs. Olivier Houdé le dit très bien : « Penser, c'est résister à soi-même. »

Cela peut sembler paradoxal. Longtemps, nous avons voulu croire que la liberté consistait à s'affranchir de toutes les formes d'inhibition. « Il est interdit d'interdire ! », clamait le slogan. À l'inverse, certaines traditions culturelles attirent désormais l'attention, à l'image de l'*Ōsōji*. Cette méthode éducative japonaise consiste à faire nettoyer l'école par les élèves. Une façon concrète d'aider les élèves à mûrir, à apprendre le respect et le sens de la collectivité, grâce à une contrainte positive. Renoncer à quelques heures de temps libre, pour se mettre au service. On voit bien ici comment l'inhibition devient compétence. Le muscle de la volonté a besoin d'être entraîné. C'est par la volonté qu'on passe de l'instinct à la raison.

*

Et pour l'écoute ? C'est exactement pareil. Pour écouter quelqu'un, il faut commencer par se taire.

L'écoute, par essence, est une inhibition. On ne peut écouter l'autre que dans le silence que l'on s'impose. Cette limite pleinement consentie permet de créer un espace pour la relation. Dans cet espace, un dialogue peut se nouer. On peut tenter de se comprendre, de dépasser des désaccords.

Dans *Douze Hommes en colère*, chef-d'œuvre sorti en 1957, le réalisateur Sidney Lumet nous montre comment un consensus peut se former entre des personnes aux valeurs et aux points de vue opposés. C'est précisément le rôle de l'écoute qu'expérimente le juré n° 8 – un architecte magnifiquement campé par Henry Fonda – dans la célèbre scène du cran d'arrêt, au cœur de l'une des affaires criminelles les plus marquantes du septième art. Pour détromper le juré n° 4, un courtier persuadé qu'il s'agit là de l'arme du crime, le juré n° 8 fait silence et laisse son contradicteur s'exprimer. Comme avec chacun des autres jurés, son écoute lui permet de s'adapter à son interlocuteur. S'étant senti considéré, le courtier se montre à son tour réceptif à l'argumentation de l'architecte qui démontre avec brio qu'un tout autre scénario est possible. Il rappelle aussi une évidence trop souvent oubliée : on peut s'attaquer aux idées, jamais aux personnes. De l'écoute authentique peut naître le dialogue. Cela requiert de mettre en sourdine ses certitudes, de suspendre ses émotions, pour approcher la vérité.

Pas simple pour autant à mettre en œuvre. La société du défouloir pousse à l'accélération et à la surréaction. L'indignation, singulièrement, est un des carburants de notre époque. On s'indigne de tout, en permanence. En chaque internaute sommeille un justicier. Comme si c'était la seule façon d'être authentique et d'exister. S'il est légitime de s'élever contre les injustices, cette prime à la colère ne nous a-t-elle pas rendus excessifs ?

L'indignation est une émotion extravertie, qui déborde sur l'autre. Elle entretient une forme de tension sociale, chacun se tenant prêt à bondir sur celui ou celle qui pense ou agit autrement. Cette évolution tend à accélérer la désintégration d'un espace commun organisé, en favorisant la montée des individualismes et la violence verbale et physique. Perçue comme une réaction à une injustice, la colère est valorisée au lieu d'être réfrénée. La spontanéité est devenue un graal ; le parler vrai un totem. Il faut être cash pour exister.

En soutenant cette idée, encore une fois, je ne cherche nullement à disqualifier nos émotions. Elles permettent l'empathie, inspirent la solidarité et sont indispensables à nos vies. Quoi que l'on fasse, elles s'imposent à nous. Notre marge de liberté ne se situe pas tant là, dans ce que l'on ressent, que dans ce que l'on en fait. On peut être blessé, choqué, meurtri. Mais avant de réagir avec véhémence, ne devrions-nous pas marquer un temps d'arrêt ? On ne le sait que trop : l'e-mail envoyé sous le coup de la colère se révèle rarement fécond. Souvent, le secret de la maîtrise des émotions, c'est de gagner un peu de temps sur la vitesse de réaction.

Cette prise de distance n'est pas toujours bien comprise. J'en fais moi-même le constat. Ma réserve est parfois perçue comme de la froideur. Méfiez-vous, la passion ne prend pas toujours les formes que l'on croit ! Au contraire, plus on choie quelque chose, plus on lui doit du soin dans les décisions que l'on prend pour elle. Je veux appréhender chaque situation dans sa complexité, j'ai besoin pour cela d'écouter les différences d'opinion et de perception des gens avant de trancher. C'est une liberté à laquelle je tiens.

*

Cultiver l'inhibition dans une société désinhibée : la tâche n'est pas simple, pourtant elle nous épargnerait bien des regrets. Permettez-moi une analogie, éloignée mais éclairante. Pour accompagner les couples surendettés, les spécialistes du désendettement commencent par leur proposer de détruire leur carte bancaire et les incitent à payer en liquide. Il s'agit de rendre à nouveau consciente une décision qui ne l'était plus. Au contraire, les professionnels du marketing cherchent à chaque instant à nous arracher des décisions pulsionnelles en nous mettant la pression : « Dépêchez-vous ! quatre internautes sont en train de regarder la chambre d'hôtel que vous vous apprêtez à louer » ; « Vite ! plus que trois exemplaires de ces baskets en stock »... Ceux qui veulent que vous décidiez dans l'urgence sont souvent les mêmes qui veulent prendre la décision à votre place.

Les algorithmes des réseaux sociaux usent des mêmes ressorts. Nous sommes sommés de nous indigner, de réagir, de dénoncer pour être visibles. Le temps presse, nous fait-on croire, le sujet ne sera plus d'actualité dans quelques heures.

L'écoute, c'est ce petit moment de décalage entre l'émotion et la réaction. Un espace qu'il nous appartient de reconquérir, individuellement et collectivement.

Le temps libre, grande cause nationale

L'école de la République, gratuite et obligatoire, s'efforce d'offrir à tous les enfants les mêmes chances de réussite. La réalité, nous le savons, n'est pas aussi simple et, surtout, est aggravée par ce qui se passe ailleurs, dans un angle mort : le temps libre.

Le temps libre est un creuset d'inégalités.

Combien de jeunes gens, arrivant dans les grandes villes pour leurs études supérieures, font l'expérience d'un décalage immense entre les loisirs qu'ils ont connus en province, en banlieue, et ceux des milieux favorisés des centres-villes ? Il n'y a rien de plus discriminant que les loisirs. D'abord parce que les loisirs « de qualité » coûtent cher : prendre des cours de musique, expérimenter les arts, aller au cinéma, voyager, monter à cheval... n'est pas à la portée financière de tous. Pourtant, il ne fait pas grand doute que tous les parents, quelle que soit leur condition, veulent le meilleur pour leurs enfants. Le moyen d'y arriver passe alors souvent par les écrans. L'éloignement géographique et les limites financières les imposent comme des intermédiaires obligés pour accéder à la culture, aux événements sportifs, etc. Avec des effets bénéfiques bien sûr, mais malheureusement moindres, s'agissant de distractions passives et non de loisirs actifs.

La disponibilité des parents ou de figures adultes est aussi déterminante pour ne pas laisser des enfants livrés à eux-mêmes face aux écrans, sur les réseaux sociaux ou les jeux en ligne. Là aussi, toutes les familles ne sont pas sur un pied d'égalité, loin s'en faut.

L'école n'a ni le temps ni les moyens de résorber l'écart qui se creuse à bas bruit une fois que la cloche a sonné. L'éducation à deux vitesses s'est déportée sur le terrain des loisirs. Avec seize semaines de vacances scolaires chaque année, les élèves français mériteraient sans doute que le temps libre soit décrété grande cause nationale.

L'enjeu est majeur pour nos enfants, mais il s'applique aussi à nous. Nous avons à changer de regard sur nos loisirs alors que le « temps libre » représente une part croissante de notre existence. En quelques décennies, le temps consacré au travail a progressivement fondu. En 1831, un salarié français travaillait en moyenne 3 041 heures par an[1]. Dans les années 1950, cette durée tombe à 2 086 heures. Aujourd'hui, on travaille moins de 1 600 heures par an[2]. Une grande étude réalisée par l'Ifop pour la Fondation Jean-Jaurès montre que l'importance accordée au travail dans la vie des Français a chuté de trente-six points en trente ans, tandis que celle des loisirs a bondi de dix points au cours de la même

1. Olivier Marchand et Claude Thélot, *Deux siècles de travail en France : population active et structure sociale, durée et productivité du travail*, INSEE, 1991.

2. Ministère du Travail, chiffres de 2021.

période[1]. Le sociologue Jean Viard estime que, sous Napoléon, 70 % de la vie éveillée était consacrée au travail, contre 40 % avant la guerre de 1914 ; aujourd'hui, le travail n'en représenterait que 20 %. « Cette masse [de temps libre] est énorme, inconnue dans l'histoire de l'humanité. Elle a été progressivement arrachée au travail par les progrès technologiques, les luttes sociales et un allongement de la vie remarquable[2]. » Cette explosion du temps libre a permis l'avènement d'une société du loisir, que dépeignent avec justesse Jérôme Fourquet et Jean-Laurent Cassely, dans leur ouvrage *La France sous nos yeux*[3]. Aujourd'hui c'est hors travail que nous développons l'essentiel de nos apprentissages et de nos liens sociaux.

Nous avons davantage de temps pour nous. Nous vivons plus longtemps. Pourquoi s'en plaindre ? Disposer librement de soi-même est une chance que les anciens nous envieraient sans doute. Deux questions me taraudent pourtant : Que faisons-nous concrètement de tout ce temps ? En quoi féconde-t-il nos

1. Ifop, *Les Français, l'effort et la fatigue*, sondage réalisé pour la Fondation Jean-Jaurès, septembre 2022.

2. Jean Viard, « La démocratisation de la culture du temps libre », *Études*, 2015/7-8 (juillet-août), p. 45-54.

3. Seuil, 2021.

existences ? Je constate, comme d'autres, que l'essor du temps libre va de pair avec une virtualisation effrénée de notre quotidien.

En 2022, les Français ont passé en moyenne trente-deux heures par semaine devant un écran, soit un cinquième du temps total disponible d'une personne (168 heures par semaine) et près d'un tiers si l'on enlève le sommeil[1]. En coulisses, les géants du digital se livrent une guerre sans merci pour s'accaparer notre temps libre : pour la moitié des personnes ayant entre dix-huit et vingt-quatre ans, le visionnage de vidéos sur les réseaux (TikTok, par exemple) réduit le temps consacré aux abonnements payants (comme Netflix ou Spotify), obligeant les plateformes à trouver de nouvelles parades[2].

Lors de mes voyages en Asie en 2018 et 2019, pour les tournées internationales de nos formations musicales, j'ai été frappée par l'importance culturelle des jeux vidéo, bien partis pour devenir l'industrie créative dominante. Tout comme les Japonais, les Chinois de

1. Sandra Hoibian (dir.), *Baromètre du numérique. Édition 2022. Enquête sur la diffusion des technologies de l'information et de la communication dans la société française*, rapport réalisé pour le CGE, l'Arcep, l'Arcom et l'ANCT, CRÉDOC.

2. *Submix23. Les dynamiques d'abonnement des foyers français aux offres culturelles numériques payantes*, étude Bearing Point, 2023.

tous âges s'immergent au cœur de mondes virtuels où tout est fait pour les séduire et les garder le plus longtemps possible. Les jeux vidéo ne sont plus une pratique juvénile qui s'estompe avec les années, mais une pratique culturelle populaire qui s'installe à tous les âges. Progressivement chez nous aussi. C'était avant que Mark Zuckerberg n'annonce, en octobre 2021, que Facebook allait être rebaptisé Meta, avec le rêve d'un Web prenant la forme d'un univers virtuel en 3D.

Un univers comme *Fortnite*, ce célèbre jeu créé en 2011, a progressivement évolué d'un jeu traditionnel de combat à un lieu de vie parallèle pour ses 230 millions d'utilisateurs actifs[1]. Ils y retrouvent leurs amis, acquièrent des objets virtuels et assistent à des concerts – le tout sans sortir de leur chambre. En 2020, l'avatar du rappeur américain Travis Scott y a livré une performance de huit minutes aux airs de clip conceptuel dans des décors de parcs d'attractions en feu, de mondes sous-marins et de cieux étoilés. Le show, baptisé « Astronomical », aurait été vu par 12,3 millions de joueurs dès sa première diffusion. Des accessoires virtuels à l'effigie du rappeur ont été vendus aux *gamers*. Pour ce qui est de l'argent en revanche, il était bien réel.

Là où ces nouveaux univers innovent, c'est dans leur dimension persistante – le jeu n'est jamais fini...

1. Estimation en 2023.

- et éminemment sociale, en offrant aux joueurs la possibilité de s'y inviter et de s'y retrouver à tout moment. Les différents acteurs, tels Minecraft et Roblox, rivalisent de réalisme dans leurs univers et de personnalisation pour les avatars des *gamers*. L'objectif ? Qu'ils se sentent mieux incarnés dans ces univers parallèles, qu'ils passent le plus de temps en ligne et y réalisent toujours plus d'achats.

Un monde parallèle, une monnaie virtuelle, un vocabulaire dédié... Les générations précédentes peuvent se sentir dépassées par ces usages numériques qui se substituent parfois à la « vraie vie » et où l'on acquiert de l'immatériel dont la valeur durable reste à démontrer. Pour certains, le monde virtuel utopique du roman d'Ernest Cline, *Ready Player One*, adapté au cinéma par Steven Spielberg (2018), n'est peut-être pas très loin. Dans cette dystopie qui nous entraîne en 2045, le maître de la science fiction imagine un refuge - l'Oasis - où les joueurs tentent d'échapper à un réel miné par les désastres.

Comme de nouveaux « paradis artificiels », au sens où l'entendait Baudelaire.

*

Le prisme des écrans semble s'étendre progressivement à tous les loisirs. En quelque sorte, ils les falsifient. On a vu se développer en quelques années une pratique moins vivante, moins en prise avec le réel, où il s'agit de se montrer plus que de savourer l'instant. Je pense à tous ces touristes qui, plutôt que de contempler des œuvres dans les musées, se contentent de les photographier, mécaniquement. Je pense à ce guide touristique lors de notre dernier voyage familial, qui s'était transformé en conseiller en image, nous pointant les spots où il fallait se prendre en photo. Les mains qui retiennent la tour de Pise, le doigt posé sur la pyramide du Louvre, la figure imitée de la statue de Bruce Lee à Hong Kong, le nez collé au visage du Sphinx de Gizeh, la cabine téléphonique rouge devant Big Ben... Le cliché est posté, case cochée, attraction suivante ! Un ami de retour de Venise me disait récemment : « J'ai eu le sentiment que la cité était doublement submergée : par la montée des eaux et par un tsunami de chasseurs d'images. » *Golddigger* (« chercheur d'or ») disait-on à une époque, *fameseeker* (« chercheur de gloire ») devrait-on dire aujourd'hui ! L'expérience n'est plus vécue, elle devient un prétexte au partage sur les réseaux sociaux. Une mise en scène de sa propre vie, une sorte de *Truman Show*[1] permanent, mais de son plein gré.

---

1. Dans ce film de Peter Weir sorti en 1998, le personnage incarné par Jim Carrey ignore qu'il est le héros d'un immense

En contemplant un jour ces visiteurs qui regardent tout à travers leur objectif dans un musée où se succédaient des toiles pourtant inoubliables, le parallèle avec un procédé déjà vu dans la peinture m'a sauté aux yeux. Ne touchons-nous pas là à une mise en abyme des temps modernes ? Ce procédé est souvent utilisé pour donner de la profondeur ou de la perspective à l'œuvre. Diego Vélasquez nous en a offert une illustration parmi les plus abouties dans *Les Ménines*, brouillant les pistes entre le réel et l'illusion, créant une lecture incertaine de l'œuvre. Mais il arrive aussi que ce procédé provoque une confusion, nous fasse perdre pied, ne sachant plus quel point de vue adopter.

C'est aussi le plus troublant aujourd'hui : on ne sait plus vraiment quelle est l'œuvre et quel est le reflet. Le monde réel ou Instagram ? On ne sait plus si l'humain est l'objet ou si c'est le réseau social qui l'est. Absurdité totale d'une société prisonnière des images. Comme les captifs de la caverne de Platon, nous risquons de tourner le dos au monde, à l'affût des ombres du réel.

S'affranchir demande du courage, de la lucidité. Je pense aux paroles de l'une des toutes premières

---

spectacle de téléréalité, enfermé depuis sa naissance dans un monde entièrement faux et entouré de comédiens.

chansons d'Angèle, « La Thune », dont le regard sur l'époque sonne juste.

> Tout le monde il veut seulement la *fame*
> Et seulement ça, ça les fait bouger
> Bouger leur c*** le temps d'un verre
> Photo sur Insta', c'est obligé
> Sinon, au fond, à quoi ça sert ?
> Si c'est même pas pour leur montrer

Faire pour faire savoir. Nous ne sommes plus « à l'écoute » de nos expériences. Ne pensez pas que cela est réservé à la jeune génération évoquée dans la chanson. Si vous regardez attentivement autour de vous, vous verrez que nous sommes tous emmenés dans ce tourbillon, parfois en dépit de notre volonté.

*

Au bout du compte, notre temps « libre » l'est-il toujours ? Vous en avez certainement fait l'expérience : une heure à « scroller » des contenus dans le creux de notre paume ne nous apporte rien, ou si peu. C'est comme si une force invisible nous avait dépossédé d'une ressource vitale. On finit toujours par poser son smartphone, les yeux rougis, rarement satisfait... de ce temps perdu.

Dans un ouvrage au titre provocateur, *La Tyrannie du divertissement*[1], l'universitaire Olivier Babeau montre comment nous sommes passés du loisir qui nous enrichit (culture, sociabilisation...) à celui qui nous appauvrit et nous isole. Selon le fondateur de l'Institut Sapiens, ce glissement favorise de nouvelles inégalités, dont nous n'avons pas toujours conscience : « La révolution du temps libre a capté l'attention. Elle a été accueillie avec tant de joie et suivie avec tant de ferveur qu'elle a caché l'autre révolution, moins spectaculaire sans doute, qui avait lieu en parallèle. Celle du niveau de compétences cognitives exigées pour réussir. C'est pourtant là que les inégalités sociales naissent et prennent racine. » Il fait l'hypothèse que, si « le temps libre est pris très au sérieux par les classes dominantes, c'est qu'elles comprennent qu'il est plus que jamais la clé de la reproduction sociale ».

Il n'y a pas plus discriminant que les loisirs, vous disais-je.

Écouter l'historien Jean-Miguel Pire à la radio, à l'occasion de la parution de son ouvrage *Otium. Art, éducation, démocratie*[2], m'a rappelé combien ces ques-

1. Buchet-Chastel, 2023.
2. Actes Sud, 2020.

tions sont éternelles[1]. Face au défi du temps libre, les Romains prônaient l'*otium*, une forme de loisir inventée avant eux par les Grecs (la *scholè*), qu'ils populariseront dans tout l'Empire. Le loisir fécond ou studieux désigne le temps dont on peut disposer pour soi-même. « En fait, pour donner un sens à l'existence, résume Jean-Miguel Pire. C'est le temps dans lequel on peut donner libre cours à sa curiosité, au seul plaisir de connaître, de comprendre. » Ses deux caractéristiques : c'est un temps accordé à la vie de la conscience et il doit être vécu hors de toute contrainte, de façon désintéressée. Fécond, mais pas nécessairement utile. L'historien précise que, pour s'adonner à l'*otium*, les tâches vitales et les besoins essentiels doivent au préalable être accomplis. Cela suppose enfin d'adopter une condition mentale : un désir, une disponibilité, indissociable d'une notion d'effort.

L'un des révélateurs de l'importance de l'*otium* est qu'il a précédé l'apparition de *negotium*, dans le vocabulaire latin. Le second décrivant le temps qu'il faut retrancher du premier. Intéressant enchaînement, inversé par rapport à ce qui hiérarchise bien souvent nos vies contemporaines. D'ailleurs, le mot « négoce »

1. Jean-Miguel Pire : « Pour lutter contre la marchandisation du monde, il faut revenir à un loisir fécond et désintéressé : l'*otium* », dans « Affaire en cours », France Culture, 7 janvier 2021.

s'est imposé dans le lexique moderne, alors qu'il n'existe plus d'équivalent au concept d'*otium*. Il faut sans doute réapprendre à penser et à explorer notre temps libre.

Comment distinguer une activité qui nous vampirise d'une activité qui nous fait du bien et stimule notre être ? Gardons-nous d'une vision manichéenne, caricaturale et élitiste. Il n'y a pas d'un côté les « bons loisirs » (lecture, musique, sport, etc.) et de l'autre les « mauvais » (jeux vidéo, parcs d'attractions, etc.) Tout dépend de notre façon de les pratiquer, de ceux que l'on choisit, des liens qu'ils permettent ou non de créer, des souvenirs qu'ils gravent en nous. Aucun loisir n'est néfaste en soi. À mon sens, les critères de discernement sont ailleurs.

D'abord dans la liberté de disposer de nos loisirs. Nous sommes aujourd'hui pris en tenaille entre deux tendances : la marchandisation de nos loisirs et l'harmonisation culturelle, deux faces d'une même pièce. Nous devons être libres et conscients de nos choix, y compris en matière de loisirs. Qu'il s'agisse d'un spectacle à découvrir, d'une nouvelle série à regarder, d'une recette de cuisine ou d'un morceau de musique, il faut pouvoir être guidé par de la prescription désintéressée. Elle ne l'est plus, quand un journal ne fait de chronique littéraire que sur les ouvrages publiés par la filiale d'édition du groupe auquel il appartient, quand une radio promeut un artiste produit par le label du même groupe… Le citoyen est fondé à s'interroger sur l'orientation que l'on tente, sans le dire, de donner à ses loisirs. Nous devons nous assurer que c'est bien le citoyen qui a la main sur son temps libre, et personne d'autre.

C'est aussi la condition pour pouvoir toucher du doigt le concept du *flow*, développé par le psychologue hongrois Mihály Csíkszentmihályi. Le « flux », en français, désigne cet état de bien-être psychologique profond, de concentration et de motivation que l'on ressent lorsque l'on est pleinement engagé dans une activité en toute conscience. Écrivain, violoniste ou cuisinier, l'attention devient source d'épanouissement.

Selon le psychologue, le *flow* ne dépend ni d'un facteur culturel ni d'une éducation, mais se définit par des conditions que nous avons sans doute tous expérimentées à certains moments : « Il y a cette concentration qui, lorsqu'elle devient intense amène à une sensation d'extase, une impression de clarté, vous savez exactement ce que vous voulez faire d'un moment à l'autre, vous avez des réactions immédiates. Vous savez que ce que vous devez faire est possible, même si c'est difficile, et vous perdez le cours du temps, vous vous oubliez, vous sentez que vous faites partie de quelque chose de plus grand. Et une fois que ces conditions sont présentes, ce que vous faites prend de la valeur en soi[1]. »

Ce que vous faites prend de la valeur en soi : cette phrase résonne en moi comme elle résonnera peut-être en vous. Dans un monde où notre temps d'attention est devenu la première des marchandises, où nous ne nous appartenons plus, il y a urgence à reprendre le contrôle de notre temps libre. Pour nous-mêmes, et pour les autres, tant l'épanouissement personnel est ce qui nous donne l'élan pour nous investir dans notre vie sociale, familiale, professionnelle. C'est toute une chaîne vertueuse, de l'individuel au collectif, qui découle de notre capacité à savoir - librement - employer notre temps. Le temps n'est pas libre, c'est nous qui devons veiller à le rester, soumis à notre volonté et à rien d'autre.

---

1. Conférence TedTalks de Mihály Csíkszentmihályi, « Flow, le secret du bonheur », février 2004 ; https://www.ted.com/talks/mihaly_csikszentmihalyi_flow_the_secret_to_happiness?language=fr

S'ouvrir pour mieux s'inspirer, penser contre soi-même, reconquérir notre temps libre : trois pistes qui appellent à se méfier des évidences. La liberté se niche parfois là où on ne l'attend pas. Dans l'écoute, par exemple. Dans l'écoute, indubitablement. En ce qu'elle suppose de retenue et de courage, de considération et d'ouverture à l'autre, dans sa force transformatrice et sa puissance conciliatrice, dans son action émancipatrice pour tout un chacun, plus jamais prisonnier d'une cage trop étroite pour soi.

Alors que je parachevais ces lignes, un ami m'a offert le récent ouvrage de Vinciane Despret, *Habiter en oiseau*[1], aussi poétique que singulier. Cette universitaire belge, philosophe et psychologue, raconte avoir été saisie par le chant d'un oiseau annonçant la fin de l'hiver : « J'ai eu le sentiment le plus intense, le plus évident, que le sort de la terre entière ou peut-être l'existence de la beauté

1. Actes Sud, 2019 (réédité en poche chez Babel en mars 2023).

elle-même, à ce moment, reposait sur les épaules de ce merle. » Son livre est un hommage au travail des ornithologues qui s'efforcent, grâce à l'acuité de leur observation et de leur écoute, de comprendre le comportement des oiseaux dans leur infinie diversité : « Il y a des explications qui multiplient les mondes[1] et honorent l'émergence d'une infinité de manières d'être, d'autres qui les disciplinent et leur rappellent quelques principes élémentaires », résume-t-elle. Multiplier le monde plutôt que l'enfermer dans nos jugements, élargir les perspectives plutôt que les rétrécir, voilà une belle définition d'une société de l'écoute.

Inspirons-nous de ceux qui tendent l'oreille, pas de ceux qui réduisent au silence.

Je fais volontiers le pari que l'écoute est communicative, comme le chant des oiseaux quand tout se tait.

---

1. Formule empruntée à l'anthropologue brésilien Eduardo Viveiros de Castro : « S'il y a quelque chose qui revient de droit à l'anthropologie, ce n'est pas la tâche d'expliquer le monde d'autrui, mais bien celle de multiplier notre monde », *in Métaphysiques cannibales*, PUF, 2009.

À bon entendeur

J'ai toujours eu une fragilité de l'oreille interne. Elle est apparue tôt. À l'âge de sept ans, j'ai été opérée après avoir fait l'expérience de la perte temporaire de ma faculté d'audition. Cette fragilité ne m'a jamais quittée. Quand j'ai contracté la Covid-19 des années plus tard, c'est l'ouïe qui a été touchée à nouveau. Je me souviens avoir dit à mon mari : « Comment continuer à Radio France si je n'entends plus ? » Par chance, une nouvelle fois cela n'a pas duré. Si de tels silences nous affectent, c'est peut-être parce qu'ils nous dépossèdent de quelque chose de précieux.

J'ai grandi dans une atmosphère d'écoute. Ma mère était psychologue. Sans doute m'a-t-elle transmis la conscience et le sens de l'écoute. Sans doute aussi mon parcours et ce livre ne sont-ils pas fortuits, nous sommes tous, après tout, le fruit de notre histoire.

C'est récemment que ces considérations personnelles se sont entrechoquées avec ce que traversent nos sociétés. Poussée par un sentiment d'urgence, je veux ouvrir le débat sur l'écoute. Puisqu'une tribune chasse l'autre, qu'une actualité en remplace une autre, il fallait l'écrire dans ce qui est encore durable.

Voici donc cet essai, comme une contribution à la recherche de solutions aux maux de l'époque, que nous sommes nombreux à mener.

Nous n'en récolterons peut-être pas nous-mêmes les fruits. Il en va de l'écologie de l'écoute comme du réchauffement climatique : c'est en posant dès aujourd'hui des gestes significatifs, au niveau individuel et au niveau collectif, que nous parviendrons à déjouer ce qui semble inéluctable.

À travers l'éducation que nous donnons à nos enfants, à travers les loisirs que nous choisissons, à travers les médias qui nous accompagnent, nous pouvons restaurer les conditions d'une écoute véritable. Pour chacun et pour l'humanité.

Remerciements

À ceux qui m'ont comprise et m'ont inspirée.

À Catherine qui m'écoute comme un trampoline.

À ceux qui m'accompagnent au quotidien ou m'ont accompagnée, aux irremplaçables Laurence, Laurent, Michel et Cécilia, au roc Marie et à son complice, à ceux qui me portent Amina et Benjamin, à ceux qui m'ont rejointe au cours des années pour former cette équipe rapprochée dont le talent et l'engagement sont incomparables.

Au collectif de Radio France, aux femmes et aux hommes de service public, tous unis par le même désir d'être utiles.

À l'attachant et brillant trio de saltimbanques pour nos discussions enflammées.

Au commencement était l'écoute

À ma mère qui m'a appris le sens de l'écoute, à ceux qui m'insufflent chaque jour leur joie de vivre Bérénice, Hector, Virgile et à Sébastien avec lequel je partage tout.

Les droits d'auteur de ce livre seront reversés à l'association SOS Villages d'enfants.

Table

Composition et mise en pages
Nord Compo à Villeneuve-d'Ascq

PEFC
10-31-3532

Certifié PEFC

Ce produit est issu de forêts gérées durablement et de sources contrôlées

www.pefc-france.org

Imprimé en France sur papiers issus de forêts gérées durablement

Sepec Numérique

1, rue de Prony - ZA des Bruyères
01960 Peronnas

IMPRIM'VERT®

Achevé d'imprimer en décembre 2023
Numéro d'impression : N17932231260